書名：皇極數
副題：心一堂術數珍本古籍叢刊　星命類　神數系列　一

作者：題〔宋〕邵雍
主編、責任編輯：陳劍聰
心一堂術數珍本古籍叢刊編校小組：陳劍聰　素聞　梁松盛　鄒偉才　虛白盧主

出版：心一堂有限公司
出版社地址：香港九龍尖沙咀東麼地道六十三號好時中心LG　六十一
門市：香港九龍尖沙咀東麼地道六十三號好時中心LG　六十一
電話號碼：(852)2781-3722
傳真號碼：(852)2214-8777
網址：http://www.sunyata.cc
電郵：sunyatabook@gmail.com
心一堂術數珍本古籍叢刊網上論壇 http://bbs.sunyata.cc/

版次：二零一零年十二月初版
平裝：(四冊)

定價：港幣　九百八十元正
　　　人民幣　九百八十元正
　　　新台幣　三千九百二十元正

國際書號：ISBN 978-988-8058-57-0

香港及海外發行：利源書報社
地址：香港新界荃灣德士古道220-248號荃灣工業中心1609-1616室
電話號碼：(852)2381-8251
傳真號碼：(852)2397-1519

台灣發行：秀威資訊科技股份有限公司
地址：台灣台北市內湖區瑞光路七十六巷六十五號一樓
電話號碼：(886)2796-3638
傳真號碼：(886)2796-1377
網路書店：www.govbooks.com.tw
經銷：易可數位行銷股份有限公司
地址：新北市新店區中正路542之3號4樓
電話號碼：(886)82191500
傳真號碼：(886)82193383
網址：http://ecorebooks.pixnet.net/blog

中國大陸發行・零售：心一堂書店
深圳地址：中國深圳羅湖立新路六號東門博雅負一層零零八號
電話號碼：(86)0755-82224934
北京地址：中國北京東城區雍和宮大街四十號
心一堂網上書店：http://book.sunyata.cc

一 可憐未見嚴親面 刻木于今羨古人

二 甲木歲君值子 須坤化阴子乳低阳

三 亥妻同甲子

四 卯運 子根不比墻頭草 恰似深山萬歲松

五 卅一 休誇美景晚生中 多進退

六 手執琉璃盞上走 盞中無月朦朧火

七 辛運 几杯小飲葡萄酒 滿目無船上苑花

八 子時一刻女三度 李度相逢奎木狼

九 卅三 四 時來方展姻運 至和雲濤

一万一千一十 卯運 寡心流水悠悠恨 不見當年飲酒樓

一　傷妻運　魚羹殊重何由遂旧弓凄凉不可勝

二　丙午生年值子以難低陰另限低陽

三　克妻同丙子

四　父母同屬鼠母小十二妻

五　鼠命之子難以送終

六　歷盡一番寒徹骨方得清閑自在人

七　卅三 四　鵬展羽翅飛騰萬里

八　子时二刻女六度逆回四度不須忙

九　花飛葉落隨流去怕為漁郎早問津

一千〇二十　一妻二妾桂蕊傍方

零三

一 正箋 雨裡杏花風裡兮如何黃菊滿東籬

二 戊出生年值五鄉坤似陰兮亂似陽

三 甲寅之年恩科及第

四 父屬虎母屬牛母年小十二

五 丑年之子數定夭亡

六 卌七八 飛沖霄漢扶搖直上

七 正箋 人逢春多精神爽萬般隨意業隨之

八 正箋 林中多談歡時日雪裡梅花愜素心

九 二歲而亡如花不久

十 廿九 自恨大樓風折可憐陽咗徒怨

零四

一 一百〇二 舜年乃百十今君少八春

二 廿一 二 少年刑二室數定乃迷遭

三

四 父母同房席如少十二妻

五 寅命之子難以承存

六 三九 四十 奮飛健驷一展摩天

七 再運 陶朱致富日时来鐵發室

八 此刻母先死 父後亡方合 不克先板風夷子可乘說

九 庚命生年值子鄉是作阴另霖似阳

十 再運 花開半夜風当靜玉樹蘇葩艷晚極

零五

一	丙運	拂拭清塵開寶鏡明明白白可宜人
二	卅三 四	青年已刑又喪一室
三		夫妻同立子
四		父屬虎母屬兔母少十二春
五		卯年之子難以送終
六	四一 二	拾級而登日進乎上
七	十五	妻死之年救中不爭
八	廿九 三十	美而不美因無子虧
九	母死之年房水方合	乙亥生年值子須恢復陰子無復陽
十	丙運	甘棠澤布人民受其視棠棣雖似涼

零六

一 丙運 畫船無聲出有浪東風一陣落梅花

二 廿五 六 青年刑二室叔之不寧

三 夫妻同乙丑

四 父母同屬猴母少十二妻

五 限命之子叔當夭折

六 四三 四 南山壽比海猴濤

七 丙運 回首故園家程正順何必雲夢畫圈

八 丙運 錦工添花喜氣錦錦

九 甲運 雙葉並羅新運叶吉

十 雪擁藍關馬意不前

零七

一 乙未岁君值丑卯气化阴子坤化阳

二 廿七 八 数乃不争又先丧妻

三 亥妻同丁丑

四 父母同属妣母小十二春

五 妣命之子数当夭折

六 四 五 六 君子豹变文明之象

七 财禄平平通守旧得安康

八 亥运 财禄两分君可许膝前顾后要相照

九 丁火岁君值丑以先化阴子坎化阳

十 伤官运 今朝整顿羽毛满名利滚滚自携带

零八

一　巳土第艮值丑以離位阴乎震位阳

二　廿九 三十　前妻已逝繼續又亡

三

四　父母同屬子母少十二妻

五　馬年之子難以送終

六　四七 八　深山虎發利見大人

七　亥筮　當逢貴人扶助何愁仕路不通

八　戌筮　虎伏前途程損耗又費神

九　一夢〻算是人間多日笑榮枯總在天

十　一百〇三　齊年百有十六君少七妻

零九

一 兄弟十人方合此刻 辛丑岁君見金以喬化阴予艮化阳

二 卅一 二 琴瑟调难久续弦又断弦

三

四 父母同属羊母少十二妻

五 羊命之子数当先贵

六 四九 五十 龍恨滄海得雲斯哉

七 早生两尾须化祸二犯为烟难没声

八 半年辛苦半年间半化生涯半种田

九 亥運 只宜谨眘加斟酌若问财名不此犀

十 戌運 财禄隆々美产倍增

一　遺腹之子六由數定

二　卅三 四　前妻已去繼室又亡

三　吏治何雍容榮位給事中

四　父母同居雖母小十二週

五　五一 二二　申命之郎必然夭亡

六　見說立田乘時利先

七　生剋母死于未生年方合

八　戊運　手業在美處低添丁

九　戊運　財寶宜斟酌莫信小人言

一萬一千一百　兄弟十八人方合此剋　癸酉乘君爲兄弟坤位陽子坎位陽

一 癸丑 嫩柳难禁三月雨 奇花怎被社前霜

二 卅五 六 丧偶方成偶 续弦又断弦

三 理国家之烦剧 任部院之郎中

四 父母同属雞 母小十二妻

五 丙年之子数 該先亡

六 五 八七 丑当亨泰 鹏奮天池

七 讀經佛点頭 說法天雨花

八 十 六五 方成人而丧亲 後結縭而亡福

九 一歲丧严亲 終身痛厥心

一百一十 甲寅生年 本帝納氣金無本辨陰阳

一 六五 風木何痛心丟白称哀子

二 卅七八 將述續原配而今又斷絃

三 聖恩優渥晉秩治中

四 父母同屬犬母少十二年

五 戊命之子命主夭折

六 五六九十 說弱奮志飛騰萬里

七 扶人於雷霆之上救人于水火之中

八 十七八 白髮之親悲困極紅顏無偶嘆何堪

九 五三四 長天嘹唳鴻鳴悲愁

一百二十 兩生火年值肩須知室離火辨陰陽

一百三十

一		子时三刻女十度逆行九度相和当
二	卅九 四十	原配先辞世继妻又见刑
三		子继积庆符之国佐清军理民之府
四		父母同属猪母小十二年
五		亥年之子数不长寿
六	十一 十二	红鸾相照是喜免灾
七		戊寅生年出庙卿坎作阴子离作阳
八	十九 二十	垂白亲方丧红颜配又亡
九	七十二	驾鹤乘云去飘然竟不回
十	六十六	六之丧亲孝而不孝

一 四十 到时称家子方当不惑年

二 四一 二 又占困卦後得三文

三 妻庚早尅 方合比刻 直隸判吏权当位重

四 庚寅年生金帝鄉震坤二卦辨阴阳

红鸾扫四是喜兔实

五 十三 四 子时四刻庚一度顺行四度正扫当

六 翰苑侍读日边经筵

七 狂风急雨人难渡岂料行人走乎远

八 廿一 二 二字临身观遊春云

九 一鷺一夢同变举池塘分散被狂风

一百四十 午妻午子 方合比刻

一 门前贵犬吠屋後子规啼

二 四三 四 琴弦又断痛何如也

三 官居付理子位列宗人府

四 困而生理急而畊衣食丰足修福信增

五 十五 六 红鸾相照是喜兑实

六 子时两刻女两度本度推求正合宜

七 比刻巳二 妻方合 三 兔寅生年分序循坎离二卦辨阴阳

八 廿四 庭闱风吼折惊借雨声为伤

九 设经台降得说法为妻风

一百五十 六七 年舒耳顺莹花须服弄班衣换禅衣

一 子时六刻移九度太阳相照太阴方

二 四五六 困于疾厄又刑妻妾

三 信列鸿胪戒居六卿

四 乙未岁君值卯乡坤震二卦分阴阳

五 十七八 六旬未娶方合比剋 天喜相照见喜免灾

六 偏才篮 东西南北皆利益贵人相逢为扶持

七 副榜终身一生为第

八 廿五六 重工熙风未闻中叹鼓盆

九 比剋弟姊四人方合

一百六十 庚年生子注定房孙

一 内 子时七刻为一度太阴逆回太阳当

二 四十七八 原配已矣继室又亡

三 揽天下之大权为监察之御史

四 偏才运 商贾傍游随意去家门者我乐云游

五 十九 二十 征鸾初出是者免灾

六 偏才运 时运转来多进益乘再扬槳任飘飘

七 堂主法堂参妙法为子僧众尽皈依

八 廿七八 凤折高栗絃復断

九 此刻妻配眷女方合 丁火岁君值卯须震觉外内逆阴阳

一百七十 六十八 悉白秘衷子蔴衣换彩衣

一百七十

一 佈才星 縱死青雲來亦是大富家

二 四九 五十 年及万里再发任新

三 理烦治劇秩列員外

四 佈才星 君行甲子星擇廢擇時

五 七九 二十二 紅鸞如照是喜免災

六 佈才星 子时八刻危四度逆行四度不須忙

七 妻死金水年 方合時刻 已土岁君值卯鄉喜氣二卦辨阴阳

八 廿九 四卅 白髮堂親無罔極紅顏伴侶嘆何恨

九 時刻為妃 兼女方合 廿二 鼓盆之戚三見于斯

十 六十八 佈才星 萬里青山樹木遮霏霏細雨多寧間

一 讀經誦道忘年月 說禮談詩春復秋

二 五 二一 琴弦今又斷 注恐鼓盆歌

三 安居蓬蓽 我擅魚鹽

四 辛君安君值卯須 莫忘二卦分陰陽

五 廿三 四 紅鸞和照 是喜兑實

六 姊妹九人 數中注定

七 偏才運 人物森森 稱譽旺 壽同松柏一般齊

八 卅一 二 方悲風木 又报斷絃

九 廿三 四 三八年間 三载鼓盆

一百九十 年過古稀然貞時 斑衣脱去換蔴衣

一萬一千二百

一 十 一二 少年游泮紅雲外遇奇緣

二 五 三四 年逾半百琴絃又斷

三 位列提舉鹽課崇司

四 乙運與君宜功名成就時

五 廿 五六 紅鸞在世是喜免災

六 丑時一刻斗四度孝度在垂危日方

七 卯紅算君值卯卯乳蠶豚肉定陰陽

八 卅 三四 雲上迴風來房中嘆鼓盆

九 三度佳姻三刑玉女

百 廿 五六 此刻分爲四此君生前此方合角度

二百一十

一 二 三 四 五 六 七 八 九 十

十 五
三四五六

廿 佛
七八 才筆

卅 廿
五六七八

方顯少年秀聆日儁
斷絃已續、、而又斷
內閣侍讀時邀寵眷
丑時二刻斗十一逆行八九兩相当
紅鸞相照是旁免灾
家業平常实靠少財源冠之亦宜妨
甲辰生年未祿鄉乾坤非內定陰陽
方悲風木恨旋劫鼓盆
鼓盆之嘆三九年間三是
財生工財業中增業

一 丑时三刻斗十七逆行五步見丙方

二 五七 五八 喪門重過總室刑傷

三 萬国文章壹坊中見

四 戌时一刻奎三度亦度推求太陰方

五 廿九 三十 紅鸞不見見喜免災

六 振鐸法堂上 四衆皈依

七 紫衣人尊羽異路亦可致

八 廿七 廿八 堂上無風亦有中嘆鼓盆

九 廿九 三十 三度佳配三刑至也

二百二十 丙辰生年出孩鄉龔低陰子震低阳

一 吉端平地生萬祿 右袖參商仔細詳

二 五九 六十 困于疾厄又刑妻

三 名高唐氏臣源身 為宰執國萬

四 丑時四刻斗十二 疾走三度不勞忙

五 卅一 卅二 紅鸞和照是喜免災

六 偏才运 家園清吉財源豐 劝君休觀月下棋

七 戌時二刻奎九度 加工三四不勞忙

八 三九 四十 極樓詩畫方花廟 友天冬夜共同心

九 卅一 卅二 四八年間三断琴絃

二百三十 戌辰生年工設卿 離為陰 兑坎為阳

一　丑時五刻斗會四車度而推不用忙

二　六一二　鼓盆之戚及見于前

三　總國家之机宜主部院之政事

四　庚辰生年金土鄉逢西陰子艮西陽

五　廿三四　紅鸞和照是喜免实

六　君行兩運身入浮宮

七　弓經消白畫子午到紅塵

八　四一二　方聽風木旅資驚失

九　卅三四　窮寇洮如今刑至三

二百四十　好事多逢君子處是非莫聽小人言

二百五十

一 丑时六刻生一度逆行斗宿之中央

二 六一 二 双双兒伴分飛去總留住人又棄予

三 信到宗人成居主焉

四 戌时三刻含十六逆行而度正相当

五 卅五 六 紅鸞照相兆喜免災

六 讀道德經於而行吟風弄月度學仙

七 多原生年納土鄉氣發陰乎坤發陽

八 四三 四 克斌慕義又嘆鼓盆

九 卅五 六 琴瑟無聲三斷其絃

十 莫望南子 閒 休渡楚人舟

一　八歲　八戰而已徒增父母之憂

二　六　五六　巳續之絃於今又斷

三　兩子名中第一仙詞林修撰名聲傳

四　丑時七刻生世度逆行五六再加双

五　卅　七八　紅鸞兩照見喜免災

六　丁運擇第日名姓自生香

七　五　七八　筆酒邀明月壺中酒不出

八　四　五六　泣血親難挽救急偏又亡

九　卅　七八　命犯孤鸞三喪嬋娟

二百六十　乙未歲君值巳須召低陰方見低陽

二百七十

一 九八 文王九十七今君大一春

二 七 六八 前妻已逝继室又亡

三 藩司晋领布政参軍

四 君乃戍篷斋门下加

五 三九 四十 红鸾相照进喜免灾

六 十五 六 方为从人旅居石

七 丁火岁君值巳以乳低阴子坤低阳

八 四七 八 视兆妻亡三度刑伤

九 三九 四十 困于疾厄三刑克妻

十 戌时四刻妻一度帐り和度为和当

一		君居慈和子無賊浪跡浮沉已半生
二	六九 七十	鏡破釵分又是那岁
三		其居運判魚鹽是司
四		丑时八刻為一度孛度為垂在中央
五	四一 四二	四十乃零紅鸞為照
六	十七 十八	數候添子
七	廿一 廿二	從來不孝是顏回与君較之多一紀
八	四九 五十	双親臨身視死妻亡
九	四一 四二	命逢白虎三災傷妻
二百八十		那岁喪母三年泣血

二百九十

一 廿一 廿二 已土岁君值已鄉乳離卦内定阴阳

二 琴瑟已更声不是当年曲

三 理问之戝君当口授

四 己酉 己字文章 燮許君入黌门

五 四三 四四 红鸾相照見喜免灾

六 十九 二十 添丁之年

七 廿一 廿二 廪膳名香黌门食禄

八 五一 五二 已赴蓼莪又继琴絃

九 四三 四四 命照白虎三娶妻

十 辛金岁君值已鄉坎離卦内定陰陽

一万一千三百

一	卅二	颜回称不寿君今限亦同
二	廿三 四	琴瑟已更声不是当年好
三		戢係何同教由前定
四		寅时一刻尾二度顺行五度觅南行
五	四五 六	红鸾相迎是喜免灾
六	廿一 二	添丁之年
七	廿三 四	喜逢贵造日廪膳姓名香
八	五三 四	画工描凤亦房中叹鼓瑟
九	四五 六	困于疾厄三刑害妻
		癸亥岁甚值已以雷轰二纯宫阴阳

三百一十

一		寅时二刻尾六度顺行八九为相当
二	卅 五 六	洞房行業多花酌又開歡
三		罷重工游权膺太守
四		甲木岁君值年纲乾坤二卦定陰阳
五	四 七 八	红鸾扫照是喜免灾
六	廿 三 四	添丁之年
七	廿 五 六	喜逢贡选日廪膳姓名香
八	五 五 六	方知琴瑟又嘆鼓盆
九	四 七 八	困于疾厄三刑之害
十		二岁丧母昊天罔极

三百四十二

一 寅时三刻尾十八逆リ十二正相当

二 廿七 廿八 破镜分阁犯夫再葬

三 雲霞燦烟炳蔚文章

四 丙火岁君值午卯吾低阴产艮低陷

五 四九 五十 红鸾相照是喜免灾

六 廿五 廿六 数该生子

七 廿七 廿八 缘享生花日皇家廪禄时

八 五七 五八 双亲临方丧视亡妻

九 四九 五十 鼓盆之歌于所三是

十 庚运可喜择藤择芹

一 四十三 廿九 三十 萱花殞矣痛何如之

二 兒夾花紅面花謝又開花

三 居宗人之右佐參軍之職

四 道逢三旬外順遂坦途中

五 五一 五二 紅鸞相照見喜免災

六 廿七 廿八 添丁之年

七 廿九 三十 名當廩膳祿食皇家

八 五九 卆 稱孤哀于壟上痛鰥寡于房中

九 五一 五二 入室不見妻鼓盆已三次

三百三十 廿二 二旬之外慶康胥召法方能保壽眉

一 二 三 四 五 六 七 八 九 十 三百四二十

二：廿七 八
五：四九 五十
六：廿五 六
七：廿七 八
八：五七 八
九：四九
十：五十

寅时三刻尾十八逆り十二正相当
破鏡分闊仍夫再并
雲霞燦爛炳蔚文章
丙火岁君值午卯吞低陽于艮低陷
紅鸞相照廷喜免灾
数误生子
綵享生花日皇家廪禄时
双亲临才丧親亡妻
鼓盆之歌于斯三足
庚運可喜樣藤樣亭

一	四十四	壹花殞美淚血三年
二		
三		己丑之年喜闹及第
四	十一二	曰老弓与生家免厄
五	五五六	红鸾相照是喜免实
六	卅一二	数该生子
七	卅三四	喜逢贵显目標騰姓名香
八	六三四	叔死妻亡
九	五五六	弓美亡凭三配獨旦
三万五十		誣與眉尹通议大夫

三百六十

一		信別署正班佐光祿
二	四 七八	生女重逢兒失再葬
三		官居光祿秩晉卿班
四	十 三四	佛光相照當主出家
五	五 七八	紅鸞相照見喜免災
六	卅 三四	添丁之喜
七	卅 五六	名登廩薦
八	六 五六	論詩與夢蕉之計占易得困卦之三
九	五 七八	窮寵淋女與刑重二

三ヨ七

一		君乃辛宮運津多正生春
二	四九 五十	兜尖再娘璧鏡圭圓
三		居蔡陵之中拜種歷之賊
四	十五 十六	逸生紅塵方可免灾
五	丙九 六十	強弓突厄是毒可免
六	卅五 卅六	添丁之喜
七	卅七 卅八	文章超俊秀廩祿倉皇家
八	六七 六八	方盤風木悵旌嘆鼓盤形
九	五九 六十	藍田三種玉今日是傷殘
十		運去時乃心惱大暢

三百八十

一 二 三 四 五 六 七 八 九

六 七 六 四 卅 卅 五 十 五
二一十九十九八七二一八七 二一

此刻五土納音合數生年金五納音合數死年方合

再調琴瑟

處攀轂之下但可驚之戒

出家之年

貴人相扶助創立見新奇

怪誕怪羅男子之祥

含氣之年

怨是天之困極嘆在人之不祿

三刑傷玉人猶旦傷心

生死歲異值千鄉免見卦內辨陰陽

三ヨ九

一 身逢淑泮位君嗣翔

二 五 三四 操弄新絃琴声再整

三 位列州牧泽遍棠荫

四 超乎三界弃乎五伦

五 二十 十九 运贵发积足禄心怀

六 廿 三四 生子三年

七 三十九 食餼三年

八 四 一二 耕田得禄安生救已宫

九 六 三四 君子将述三见伤刑

十 乙未岁君值来须震坤卦内宫阴阳

一系一子四局

一
二 五 八七
三
四 廿 二一
五 廿 六五
六 四 二一
七 四 四三
八
九 六 六五

寅时四刻贫无豹一度川本二度堂
玉鈇遥種玉花而又開花
卯时七刻心四度逆回二度不须忙
而帝红尘念身归梵刹中
得遇贵人引荐上云梯
叔误落子
倉儲之年
君刂癸宫運贯宫匡步时
堅哉亭美亡兮殿獨思年
寿之九旬外一梦入潮音

四百一

一	四十六	鶯花已落泣血如漣
二	五九 六十	玉鉄是種西花何又開花
三		要恩優渥費予花烟
四	卌三 卌四	衙前紅塵念從此上雲林
五	廿七 廿八	得逢貴人引從此步雲梯
六	四三 四四	數該添丁
七	四五 四六	倉儲之年
八		丁火為君值未鄉乾坤二卦定陰陽
九	六七 六八	僧人三損命也何如
十		運到寅宮不等閒極而猶席福深山凶不現身 胭脂易損看書誤過無關

四百二十

一 二 三 四 五 六 七 八 九 十

六一 二 廿五 六 廿九 三十 四五 六 四七 八 六九 七十

寅时丑刻貸三度六七加十正扣當

枯楊枝生梯手西幡画眉

職居太僕位冠九卿

紅塵心已厭不出門間

有人携手引平地見崢嶸

添丁之喜

秀士食天祿文章入廟堂

巳土岁君值未卿恨離二卜更阴阳

三戒淋女三損在人

此刻丑火之年當西北人方合

一　寅時六刻斗前度李度推求數不訛
二　六三四　洞房之喜多半又閙花
三　為蓋運之同收大地之利
四　廿七八　無心遂意而為喜入穆林
五　卅一二　大運正當興旺貴福來臨
六　四七八　添丁之年
七　四九五十　食廪祿于　皇家
八　辛金歲君值未卯日冲犯內分陰陽
九　晉秩鴻臚正卿之職
四百三十　六八　脫布斑衣換錦衣

四百四十

一	二	三	四	五	六	七	八	九	十
	卅一 二		廿九 三十	卅三 四	四九 五十	五一 二	四三 四	廿三 四	
寅时七刻斗一度李度推求水貂旁	琴絃今已换不是旧琴音	位列天之丞職居巡道之工	日在马后出家免厄	若人萍水逢培生發原衡	數該添丁	名当落廪	運已到矣宫当發度	所往且遲遲移心須仿勢	癸水岁君值未鄉坎離二卦辨阴阳

一	二	三	四	五	六	七	八	九	十	四百五十
	卅 三四		卅 一二	卅 五六	五 一二	五 三四	四 三四	四 三四		

寅时八刻斗二度揲蓍　左中央

膏膠再续月缺重圆

兵部权篆分巡半省

红尘心已矣脱离入空门

喜逢新運轉自有贵人提

添丁之筆

名书落廪

運至多淫家謀而变之通

工花奇花栽當岩庭前翠竹正芳菲

甲木歲君值申卯丸亥阴子丑亥阳

一 卯时一刻氐三度順り三度左中央

二 卅五 六 鵲橋再駕花燭重新

三 夫妻同乙酉

四 卅三 四 脫布紅塵累出门羽寄身

五 卅七 八 欲心遇貴人勸然福祿臨

六 五三 四 添丁之年

七 五五 六 合儀之年

八 丙火岁君值申以乾坎卦内分阴阳

九 白雲加雁霞清風鼓晓霞

四日六十 此刻兄弟九人方全

四ヨ七

一		卯时二刻氐土貉四五度加九度旁
二	卅七 卅八	破鏡重圓配夾再整
三		身居通政位列副司
四	卅五 卅六	負心超富豈可意入其门
五	三九 四十	將運交來貴人提拔
六	五五 五六	數誤添丁
七	五七 五八	今来補廪彩筆生花
八		戊土岁君值申鄉乾坤二卦覓阴阳
九	六一 六二	斤月當圓时花新子又新
十		戌时五刻亢四度本度推求不用忙

一　二　三　四　五　六　七　八　九　十　四百八十

二：卅九　四十
四：卅七　卅八
五：四十一　四十二
六：五十七　五十八
七：五十九　六十
九：廿七　廿八
十：卅七　卅八

卯时三刻氏十八孝度加推更莫移
破镜重圆仍夹再整
将遇圣眷大理少卿
脱去红尘只门自在
还本适签附骥千里
数误添丁
新年补廪之三度也
庚辰岁君值申以乳外阴子是外阳
当重眠柳絮风急葬花夜
一树青花正逢春忽被狂风吹满林

一

二 四 二一

三

四 三九 四十

五 四三 四四

六 五九 六十

七

八

九

四百九十 廿五 六

四海經營驛馬出命

鵲橋再渡花燭重開

百拚少產淸要之職

空心凡累另慮出门

貴人相助從此升騰

添丁之慶

卯時四刻房前度加工二三細推詳

多私岁君值申以巽而閉兮震而阳

乙木重之逢酉以氣坎扑內分陰阳

半憂半喜基業不均

一百五十

一	卅 三四	仕途宜捨點金性可陶鎔
二	四 三四	破鏡重圓兒女再婚
三		深荷聖眷太常貳卿
四	四 一二	金心歷盡方喜出門
五	四 五六	苦人拭目巡為生妻
六	六 一二	叔姪添丁
七		卯時五刻房日兔一二刻推此宿當
八		比刻招多火金土之方合
九		丁火微之值西以巽為陰乎坎為陽
		東命屬金火犯于土木之年方合

五百一

号	数	断语
一		七品寻级君当自授
二	四十三	鹊桥再度花烛重新
三		宗庙会同驿假少船
四	四三四	无心入界召意出门
五	四七八	生平多结义逼出便飞腾
六	六三四	添丁之喜
七	廿一二	回禄为灾添年之咎
八		戌时六刻数十二逆行三度正相当
九		巳土岁君值出须要补接求取阴阳
十	八十五	红鸾西坠大数将终

五百二十

一　丁寅　東謀而就

二　性業无已

三　此刻招自出火金之子方合

四　四五　戚居參法國子先生

　　四六

五　四九　喜子浮雲過是如林下安

　　五十

六　六五　時來君運發指日見俊禱

　　六六

七　廿三　救護添丁

　　廿四

八　回祿不免

九　辛金歲君值丙劫巽卦陰子震卦陽

十　此刻再娶火木之妻方合

五百三

一 卅八 並如西遊帳由風木

二 自身雖低扳蘿養子方能附鳳麟

三 榮任少卿信列太僕

四 四七八 無心凡累而無咒

五 五一二 若人提攜榮華稱懷

六 六七八 添丁之喜

七 廿五六 青山綠水依然在棟宇偏隨回祿飛

八 勤儉能謀圖致富榮華晚達數多金

九 癸水滿滿值西方巽卦屬陰乾卦陽

十 戊時七刻胃一度壽度推求在中央

一 二 三 四 五 六 七 八 九 十

五之四十

四九 五十 五三 五四 六九 七十 廿七 廿八

廿一

卯时八刻心五度逆四り度不須忙
八品服色君欽賜戚
内閣常崇侍讀學士
白雲常伴紅塵點息肩
孝筆方画苦梅木須逢妻
孝本方度教主添丁
火星無命猛宜逢春
甲木歲君值戌以巽為陰子辰為陽
戌时八刻胃三度孝度推求太陰方
二旬加一春早覓西方路

一		翰院風高學士清貴
二	廿二一	少年乃災將須當防破耗
三		秩晉遷同於拉魚鹽
四	五二一	五十一二有一災須入空門方可免
五	五六五	若人相問看景榮華
六	七二一	老當益壯喜添丁
七	三十廿九	火星相照家業灰飛
八		丙火星君值戌以坎爻陰子坤變陽
九	四八七	竹報平安日夜經錦繡春
五百五十	七十五	幾年蹤跡逐浮萍一旦辭歸伴白雲

一　二　三　四　五　六　七　八　九　丙子六

廿三　廿四　五三　五四　五七　五八　七三　七四　卅一　卅二　卅一　卅二

辰时一刻移十度順行角二正初當
破财不利添年之咎
名標貢士受青藜歷
茂林修竹多崇爲置歷如今似亦添
萬景亨通貴人指引
添丁之喜
回祿不能免
正配生子
戊生岁君值戌鄉恢復陰孚是復陽
此刻必死于木金之年方合

丙子七

一 辰时二刻角三度顺局七次正为当

二 廿五 六 实脉临身须防破损

三 名列左右春坊职居国子之称

四 五五 五六 從前為業終徒勞回首出门一旦抛

五 五九 六十 意景萼通若人提拔

六 道通四向动以外天出健驹任逍遥

七 卅三 卅四 火星为照家業厌恶

八 卅三 卅四 正副生子

九 庚金岁君值成須坎但阴子震化阳

十 十一 好花雨開欲被風折

丙子八十

一　　師命虎羊奇生註定
二　廿七八　運與時乘須防破損
三　　居宗人之首為理多之首
四　丑七八　不得志托跡出門
五　　原時三刻角兩度逆行四度不須忙
六　卅五六　火星入室添筆不利
七　　比刻再娶火土之妻方合
八　卅五六　正副子生
九　　多為江洋值戌以乳坎二卦分陰陽
十　九二　柳苦根深亦被風折

丙子九

一		此刻再娶定亦之妻方合
二	廿九 三十	破财不利流年之咎
三		身居通政参议丝纶
四	五九 六十	兰本生家教由前定
五		原时四刻角十度未煞加上为方当
六		此刻无火之年招继子方合
七	卅七 八	回禄不免
八	卅七 八	正副生子
九	廿五 六	子规归宇夜南柯梦不回
十		乙未岁君值癸以足低阴并震低阳

一萬二千六百

一 辰时五刻亢七度逆回前度角木當

二 卅一 二 惡星照臨破損难免

三 位列少卿佐理光禄

四 此刻子當湖海于本年方合

五 生年生子注宮房弦

六 亥时一刻危十三孝度柱求覓中央

七 三九 四十 火星相照回禄不免

八 三九 四十 正副生子

九 廿四 三 弦室生子

丁火微微值亥以氣是邦內貴是陰陽

六百一

一		辰时六刻亢八度逆回四度正逢子
二	卅 三四	破财时又失利
三		此刻必死于土木之年方合
四		猪年师命生数定已昭然
五		此刻必失之年招继子方合
六		寅时二刻尾十四加上十度正扣当
七	四 二一	火星照命家業成灰
八	四 二一	双產明珠一正一副
九	廿五	鐵室生子
十	七八	梁木其壞哲人其萎

一　五十四　風木搶廟蓼莪興嗟

二　卅五六　究勝破耙是年不免

三　巳土田園值寅須是坎叔生辨陰陽

四　辰时七刻亢九度逆回四度宜諗以

五　申　申逢淹滞不可与时々烦闷在心间

六　孔方不遂愿又见祸星缠

七　四三四　火星入室回禄不免

八　四三四　正副生子

九　廿六　副室生子

六宮二十　寅时三刻室两度顺行五度不用忙

一　辛君金岁值交以兑为阴兮艮为阳
二　卅七 八　忌曜扣攻当防破損
三　君时八刻氐二度加工亢宿八度紫
四　生卯与慶风毛滿美
五　叔中註定生和之年生卯
六　此刻乃土木之変方合
七　四五 六　回禄之灾丢年不免
八　四五 六　正副皆活雨露恩兮然雨之產名弱
九　廿七 七　添丁起乃屡生自为天人
六号三十　五五 五　妙彭殇地三年泣血

一

巳时一刻壮十五星宿加工正扣堂

二　三九　四十

罗猴出命当局破损

三

此刻金火之年弓马入泮方合

四

数定空人出家

五

火金之年恩科中辛方合七刻

六

癸多淫之途灾以免無邦内雜阴阳

七　四七　八

回禄之灾淫定不免

八　四七　八

正副寿禄

九　廿八

伤室生子

六字四十

亥时四刻室十一顺行十二度扣堂

一		巳时二刻翼八度十一十二数扣当
二	四二一	耗神入垣破损难免
三		能文能武科房一吏
四		是年生子往定生子
五	五一	兰闺永逝非是无由
六		亥时五刻室十七逆回一度不须惦
七	四九 五十	回禄二灾是年难免
八	四九 五十	正副生子
九	卌九	副室生子
六百五十	九十九	笑煞浮云总是虚与能长不会无穷

一　　　大叔將終是可說平安拮据化成厌
二　四三 四　耗神扣思破損之年
三　　　巳時三刻翌十三逢回十九不為忙
四　　　兄命雖有叔為刑先天註定甚分明
五　辛　辛金庚炅子至生雲月急分明
六　　　運未至不遂愿左一帆通
七　五 二一　返風賊失是左修法
八　五 二一　明珠雙全一正一副
九　三十　添丁為度生自副室
六子六年　寅時六刻壁土度奎度推求正合宜

六百七十

一　任他富貴紅塵擾饒汝身心白晝間

二　四五六　流年犯凶星破損定不免

三　巳時四刻移一度逆行十八正相當

四　木金三年交時方合此刻

五　六三　老來愁交時望靈廟並開

六　廿三四　几年踪跡同萍梗一旦辭恨作白雲

七　五三四　火星入室流年多災

八　五三四　門左聚雙弧一嫡又一庶

九　卅一　窪遲弄璋

十　六二　年老稱孤子孫為慶慕哉

一 八九 杜鵑啼夜月惆悵忘殘花

二 四八 破損之年切宜謹慎

三 巳時五刻移三度順行度二不為忙

四 此刻師施于室亦之手方合

五 父入贅而出據書數之所載

六 亥時七刻角九度逆行五度見南方

七 五六五 回祿之災除年乃損

八 五六五 正副生子

九 卅二一 副室生子

六百八十 六八 壽年祿衰子困極淫終身

六百九十

一 四一 四二 雲眠幽室塵根淨月印寒潭心鏡出

二 四九 五十 命犯耗神須防破損

三 巳時六刻移四度順行五度至坤方

四 父死于戊火之年方合生刻

五 乾坤六子得之可喜

六 生刻戊火之年庶鳴巳亂未火年又生仕方合生刻

七 五七 五八 火星天情焚毀空室

八 五七 五八 正副子生

九 卅三 添丁有地出自副室

十 九六 救值杜鵑啼淚向西方洒

一　四二一　人子正当消索耍奉老又在寂寞中

二　五二一　破財不利流年之災

三　巳時七刻務七度逆行星宿二三当

四　姊妹五人方合生剋

五　六一　萱花殞矣痛何如之

六　生剋招同金木之妻不全三子方合

七　五九六十　回祿之災是年難免

八　五九六十　正副生子

九　卅四　側室生子

一萬一千七百　四五　子親婦葬三更子之空務鳴嘆久叩天

七ヲ一

一　巳时八刻移十度逆り九度罡星当

二　五　三四　破财不利流年之咎

三　前妻之子属龙失后妻无子方合

四　父属金　母属木　先天注定　金火之子当入编苑方合七刻

五　此刻当为芸窗之士方合

六　亥时八刻奎一度本度当求觅中央

七　将把阴功延寿算莫向宝山空手归

八　四　七八　偏室生子

九　卅五　萱花不幸遭风折极目苍苍实可哀

十　卅五

一　五三　落花流水杳然去另有天地非人间

二　五五六　破财不利流年之咎

三　午时一刻柳四度逆行三度見南方

四　金火之年出仕方合

五　五七　並與西遊曼天罔極

六　此刻招得土木之宝金火之子方合

七　白鶴之内叔定为丈夫之名

八　水火之子當居大信方合此刻

九　卌六　仍宝为鎖乃生男子

七刁二十　父属金母属水先天註定

七ヲ三十

一 九七 詩書文章驚催往要到

二 五八七 耗神扣出破財不免

三 午時二刻柳八度逆到六七兩相當

四 丑運到來不可誇一交戌運甚吁嗟

五 五八 顛倒多失心亂如麻

六 五八 老來生子定在彩年

七 火年生子補稟方合卯宅順推

八 其假七子數中洞然

九 卌八七 如雁情疏度濫弄璋

十 父屬金母屬土先天註定

一　午时三刻安十二逆行十度看相当

二　五九　六十　年本破耗君当謹慎

三　父命自縊母命可傷

四　己酉　江中波浪滔天蕩驚為舟人嘆奈何

五　三妻姻緣紅絲疊牽

六　師徒七人方見先天之數無差

七　金木之年納粟方合角度

八　兄弟弓二人父母不同生

九　卅八　偏房生子

十　早年生子謹宜防兔

七百四十

七百五

一 六一 六二 破財不利流年之咎

二 午時四刻星兩度順行五度悵月傷

三 木金納音合父母生年方合此刻

四 父屬木母屬金先天註定

五 父屬木母屬水先天註定

六 水土之子當居頭長方合寬度

七 六七 六八 室自豐予福自足之年安業度康寧

八 離祖而業遂叔宗緣由天

九 三九 四十 副室生子

十 十年欠三春之命赴幽冥

一 十六 幼年夭折何異蜉蝣

二 六三 四 生本破耗宜須謹慎

三 弓徒八人先天注定

四 未知年補廩方合逆度

五 廿五 六 美室主人無的不疑

六 官實保喪難量宜蓄

七 午時五刻星三度順行五度次度傷

八 寅年補廩方合卯宅

九 四十 偏房生子

七百六十 八十 今日東裝但穿實西風淚洒兒子行

七百七十

一 父屬水母屬火先天註定

二 六五 六 破財不利命犯耗神

三 兄弟人雖多乃生而無育

四 十 六五 翩翩貴為入于翰林

五 午時六刻星三度逆行不見掬土猪

六 父屬木母屬土先天註定

七 五六 母赴瑤池淚血三年

八 中年而死方合吉卦

九 四一 兄雁只露度瀟弄猪

十 十四 蔽葉隨風情切切落花流水恨悠悠

一 三十 而立之岁必赴瑤池

二 六七 六八 年來多破損但須要提防

三 午时七刻生一度疾行兩度生月傷

四 十七 命坐文昌幼年入泮

五 廿一 廿二 長子纏身涉年之咎

六 當為兵丁之人方合此刻

七 君行寅運必地憂子鳥枝頭嘆不休

八 父屬猴母屬蛇先天註定

九 四二 偏房生子

七旬八十 猴土年遊泮方合此刻

七百九

一		午时八刻生八九疾行十度不爲忙
二	六九 七十	涉年不利謹防破損
三		父屬火母屬木先天註定
四	十八	文章拔粹名列黌宫
五	廿三 廿四	命犯朱雀官司纏身
六		父屬火母屬金先天註定
七		談經邀皓月清談引清風
八	五三 五四	父屬火母屬土先天註定
九	四三	弄璋稱爲慶自生小丈人
十	卅二	母赴瑶池淒留三年

一		兄弟七人方合此刻
二	五二一	洞房合巹花燭輝煌
三		水木年拔貢木土年生仕方合
四	十九	文昌照垣名登庠序
五	廿五六	命犯朱雀當防口舌
六		妻小十二歲佳偶自天成
七		蟾宮捷足服羣叢桂森森不羨矣
八		庚申之年蟾宮折桂
九	四四四	偏房生子
一萬一千八百		於中娶妻琴歡同途

一 卅四 母乾殘池三年淫血

二 未時一刻井九度加上十度不驚傷

三 土水年娶妻金水年生子方合此刻

四 二十 弱冠之年名登庠序

五 廿七八 命犯朱雀良多交加

六 土金年入泮方合此刻

七 先假八子叔中洞逝

八 父屬火母屬金先天注定

九 四五 必生男子出自偏房

八子一十 一百五六 五福壽為先今君已足矣

一　十二　童年災殃防阨生災

二　未时二刻廿十七疾り十四不為忙

三　出幼三年身入国学方合

四　廿三　弱冠加三妻雅宮泮宮侍

五　廿九　皆為纏身沐年之咎

六　三十　屬陣逢八房叔宮不若移

七　初年而殤方合比刻

八　父屬火母屬木先天注定

九　四六　副室生子

八百二十　一子双目失明死二子身遭疾病亡

八局三十

一 父属火母属水先天註定

二 椿樹長青萱草茂財興乃道日光明

三 父属火母属土先天註定

四 廿四 生于幽谷遷于喬木

五 卅二 命犯朱雀官司纏身

六 未時三刻卅廿二逆行十四兩相當

七 數中子星不大顯獨留丹桂一枝秀

八 命中註定當留一枝桂樹已先榮

九 四七 副室弄璋

十 七五 人生七十古來稀今君限而多五齡

一		未时四刻井廿八顺り三一度傷
二		姊姊八人方合比刻
三		嚴慈俱生家叔定不為差
四	廿一	生于丑亥入于泮來
五	卅三 四	年來乃婚良為經手
六		叔中往定如喪室服
七	九九	一百少一妻倉笑上運瀛
八		亥未納音合父母生年金火納音合 父母死年方合
九	四八	副室生子
八句四十	六三 四	若能康健足多福但白身間只是仙

一　未時五刻鬼宿度逆行五度亦爲常

二　與死絕命父母無傷

三　兄弟八人君居季末

四　廿二　名登庠序

五　卅五六　命犯朱雀當防是非

六　良星雖有不清未當死于絕命

七　父屬土母屬金先天註定

八　教中註定三鳳鳴已產二鳳耀門庭

九　四九　偏房生子

八百五十　四一　萱花殞矣三年泣血

一　廿九　如螢螢時光照耀目蒼蒼實可哀

二　未時六刻見二度幸度相推宜細方

三　子三妻妻命亦細土生或金出苑方合

四　二十　身入泮宮

五　卅七八　命犯朱雀艮多宜慎

六　叔子四男孫將志三枝桂蕊已成林

七　父屬土母屬木先天注定

八　命裡蓮山稀而桂一枝差發四枝妍

九　五一　偏房生子

八日六十　十三　童年不孝喪母

八日七

一 未时七刻初旬度順行三度安相當
二 庭闈久不覩嚴親獨為孤女寄長齡
三 此造生來胞胎格形逢印綬合乃詳
四 廿六 名登庠序
五 三九 四十 命纏朱雀官司不免
六 此造生來格局清高入桂閣合乃詳
七 父屬未母屬戌先天注定
八 寔假九子數中洞述
九 五一 為雁弄璋
十 雖圖丹桂攀宗支待續琴絃接後詞

一　五九　細雨霏霏逐晴塵陽台路上送行人

二　未時八刻柳三度逆回前度覓宮分

三　木女納音合父母生年宮木納音合
父母兔年方合

四　廿七　名入泮林

五　四二一　朱雀犯命不可不防

六　招得孤木土之妻宮火年娶方合

七　父屬土母屬火先天注定

八　命注乾坤生六子次第倚房已五枝

九　五二　偏房生子

八日八十　土木年入泮方合此刻

一 申时一刻畢七度李度挂求覓兎狩

二 此刻招得室來之妻方合

三 庭闱久不睦慈母独留棲樹在高堂

四 廿八 名入泮宫

五 四三 四 命犯朱雀官司不免

六 萱花雖衆俱含蕚棠棣芳園发满林

七 在兒子七六子先榮

八 偏房多雨露占夢兆熊羆

九 五三 此刻本納音合父生年外納音合父 死年

八甲九 十 鹿鳴可那椿庭不策

一萬五千九百

一　八二　花彩鳳零悲妻景正當傑

二　申時二刻畢十一順り十三正お當

三　叔死一的汝生而的方合此刻

四　廿九　名入泮宮

五　四五六　良為交加命犯朱雀

六　早年家業最富晚歲岩壑修り

七　土火之妻死于金火年 再娶土木之妻方合

八　八號比句氏七子隨先榮

九　五四　偏室生子

正室不能偕老俟室方可齊眉

一　螢花殞美廟也何如

二　申時三刻畢十二逆行十五安星易

三　此刻以納音合的生年木納音合的克年

四　五十　名入泮也

五　四七八　命犯朱雀官多不免

六　同胞六雁一隻先傷方合艮宮

七　是乃長姓後天祖宗

八　此刻娶室木之妻生室木之子方合

九　五五　偏房生子

九百一十　八五　辭苟古人杳不回青山綠水為悠悠

一	六九	人生七十古來稀兮少一妻亮西歸
二		申时四刻甯一度李度推求數星堂
三	三十	雲擁萱闈不可奇
四	卅一	兮掾生芦
五	四九五十	涉年不利實多不免
六		其常絕不免言志早修行
七		此胎因乃顯紅葉說合妃夹伉儷和
八		數乃九男開衍爰已生八號鋁周士
九	五六	偏房弄璋
九乃二十	七八	泰山其頹哲人其萎

九刁三十

一 申时五刻参十度加上二度不須忙

二 我生不辰五岁丧母

三 卅二 命弓十男恢五業桂蕊传芳已九人

四 五三 名入泮宫

五 命犯朱雀官司不免

六 此刻定土三子貢士身荣方合

七 三岁先母抱恨终身

八 六八 今生七十古来稀今少二妻亡已旧

九 五七 偏房生子

十 此刻同見六雁二隻先傷方合

一 八歲亥水刑傷莫大

二 申時六刻參二五順行六七度加留

三 此刻木土年娶妻方合

四 卅三 生于幽谷迁于泮林

五 五三四 流年不利皆多纏身

六 此刻兄弟弓二中弓損傷方合

七 並蒂雙蓮蕚一枝吐秀葩

八 司務榮身名列部院

九 五八 偏房生子

九月四十 此刻父水房全方合

九百五十

一		骨肉雖多難甚是俱是爲常布衣人
二	九十	如要營謀時光耗極目蒼蒼實可哀
三		比刻父母屬木方合
四	四四	名入泮宮
五	五五 六	流年不利君子不免
六		比刻再娶室木之妻方合
七		榮任中書清貴之職
八		比刻兄弟七人一人不存方合
九	五九	老蚌生珠生自側室
十		比刻前妻屬金死于火年後妻屬土死于木年方合

一　卅四　君长颜回方二妻促逝西去脱红尘

二　申时七刻参八九逆行四度是南方

三　多　雨洒園林忠各色雲迷花鳥穿花音

四　卅五　身入泮林

五　五七八　涉年不利长子纠身

六　居官恐之、成受文衔之位

七　十相公十娘子是汝父母

八　丙时八刻毕三四加工五度不必伦

九　六十　孤雁落雨露门左受孤孤

九日六十　十七　母乱殘池会飘逝竟不是

一 萱花殞矣三年泣血

二 申時八刻并兩度疾り三度不為忙

三 此刻兄弟八人一人過繼方合

四 卅六 身入泮林

五 五九 六十 貴為臨身添年不爽

六 此刻再娶加土之妻方合

七 此刻同胞七屬二度先傷方合

八 亥時七刻畢兩度李度加工二度推

九 六一 時來登泮童昭珠只因副室沾雨露

九百七十 九岁 年方九岁短命而亡

一 酉时一刻胃四度李度桂求救更移

二 此姊妹十一人方合

三 卅七 雁宫三行序二兄先展翅

四 六二一 田業洋孤言擇吉芳

五 是年不利良多难免

六 酉时五刻昴五度李度桂求正合宜

七 此刻兄弟八人方合

八 祖業难依競成家勞創業

九 六二 生涯壽殊慶也何如

九月八十 十一 暮年失偶悲痛孤身

一 八三 鴛雀隨雲去飄然竟不還

二 丙时二刻胃七八逆回五度覓中央

三 此刻招得火木之妻方合角度

四 廿八 身入泮宮

五 六三 命犯朱雀官司不免

六 此刻再娶木火之妻方合

七 生殺激透三代無奚銀錢財無一毫之差

八 此刻招得無木土之兄弟方合

九 六九 偏房生子

九日九十 丙时六刻昴十一逆り三度不為忙

一　丙时三刻胃十四逆行十二度扣堂

二　此刻木火争娶妻方合

三　此刻兄弟九人一人远继方合

四　卅九　名列黉宫

五　六五 六六　命犯朱雀官非不免

六　丙时四刻昴初度顺行三四两扣堂

七　此刻身带弓病方合

八　此刻前妻以金水火生子火木以金之子方合

九　九岁良九岁得保之父母

壹千正　六四　老蚌生珠副室所出

一

二

三 佳人行止運平安无憂心

四

五

六 巳 彼美人兮福履成之

七 聖賢事業曾經我謀生之計在貨殖

八 午 樂只君子福履綏之

九

一萬四千一十

一萬四千〇二

一

二

三

四

五 辛五六 仕途成畫餅解組樂林泉

六 甲運 花含曉露月近銀河

七 以舉人而効力即任知縣

八 癸運 癸水洋洋佳人行此任倘徉

九 壽元何日止大衍之數倍作五

十

一 洞房細語調鸚鵡怎奈中途各自飛

二 丙運 丙子揚揚佳人行此運高強

三

四

五

六

七 以魚鹽而致富不怕青雲天梯

八 庚運 宮寵淑女宜室家人

九 鳳翔飛騰身自重鸞鳴雲漢品孫高

一萬四千〇三十 萱花須美庸也何如

一萬四千〇四十

一　辛運　彼美人兮長發其祥

二　　　　桂子朱蘭習法之報

三　申運　閨中多喜門內無實

四　　　　由都司而陞遊擊奇兵感法

五

六

七

八　丁運　往人行丁財旺人興

九　　　　屬木之年陞任可從

六千七八

一 解組還須優游名石

二 身依典史仕途遂意

三 七層高飛四層鳴奮翅天衢振家聲

四 腹坦泰康早花開結實先

五 棄妻又娶妾數註不差移

六 欠利不安暫且守拙

七

八

九 妯娌雍々云樂融々

一万四千〇五十 白手興家依貴助提拔門人依然是

一 二 三 四 五 六 七 八 九 一萬四千百六十

六十一 花甲方新不料椿折

壬運 壬水滔滔佳人行此運高超

一 二 三 四 五 六 七 八 九

一萬四千〇卆

一萬四千〇八十

一 二 三 四 五 六 七 八 九 十

甲運

北風吹門簾不覺憂慮生

由臨向揖州莫進乎數

一万四千〇九十

一 七十 蒼顏矍鑠桑榆堪誇

二 六十一 萱花殞矣三年泣血

三

四

五

六

七

八

九

此刻母死焉年方合此卦

一
二
三
四
五
六
七
八
九

一萬四千一百

一 鵰羽却從高處翥琴堂升署任同知

二 初任藍院復有高擢

三 取古人之勝概樂斯遊之優游

四 宦至于樞屢受朝廷拔擢

五 雖有兄弟不如友生

六 文章雖不顯却知蕭公律

七

八

九

一百一十

一 二 三 四 五 六 七 八 九 一百二十

四月

彩橋四美兩赴瑤池

兄弟七人同父異母

手足有血光

道德崇隆芹宮生色

一 由吏目而登仕途人緣遇巧

二 月彼雲遮側室夭折

三 官至協鎮位高權重

四 離鄉遂父意別祖為母仇

五

六

七 三七 海不揚波風不鳴条

八

九

一百三十

一 小災啾唧未免有之

二 初任知縣德佈甘棠

三 五十五 喜変為憂〻復轉祥

四 六十一 生子之年

五 脱穎而出空顯兔年

六 勿遇陰而事逢牛乃遷

七 乙運 童運行乙災晦莫釋

八 數有三子註定兩胎

九 羽燕含泥父東子西

一百四十 咏棠棣而同負奇才居然一先一後 膺寵錫以共登高位美哉難弟難兄

一百五十

一

二

三 廿三四 武科及第

四 文不文武不武驟前馬後

五 其人覷大心憂小多學少成

六 能代夫之憂勞可免君子於患

七 幸運 樓縱眺玩鞦韆

八

九

十

一百六十

一		雨打鴛鴦散分飛
二		其人如碧梧翠竹此志在高山流水
三		掌科甲之文衡榮任三載覽俊秀之崛起見豹一班
四	六十一	入於其宮不見其妻
五		木金逢天德榮陞是其時
六	二月	太歲生事早宜禳之
七	十月	思艱圖易事多克易濟
八		土火年補廩方合角度
九		
十		

一 癸運 苑花迎律春初動宮柳蓬風色欲搖
二 居博士挈壺之班司靈台漏刻之職
三 爾 金萠初栽五色詔臺椿惆悵父先凋
四
五
六 虞閣須 天詔萱花墜婺星
七 四月 枕桂生憂
八
九
一百七十 艽 淡雲迷野徑落露漫長空

一

二　十二月　三心二意知多妄勇往直前事不成

三

四　廿三の　英雄三百輩看我步雲梯

五　鳳丹啣書来　綵爾霜凬送雨墮萱花

六

七

八　稽首　君恩多雨露傷心椿樹早凋零

九

一百八十

一 廿二 炎天避暑樹下傳杯

二 中天婺煥萱草敷榮

三 十行帝命覃恩下庭訓徒悲手澤存

四 交易在商賈以外求財在市井之中

五

六

七

八 官居知事器重上游

九 螟蛉獨宿愁隻影丹桂添喜成雙

一百九十

一
二 三月 先難後易不必躊躇
三
四
五
六
七 居心立志有主見作事有始必有終
八 傾心玉爾思渥優回首孱君先凋殘
九 身居樞密佐理軍机
一萬四千二百 庚運 榆烟散憧回驕遊芳塵

一 水金年補廩方合亢度

二 辞劳就逸难登科第

三 二十三 手折桂枝名登虎榜

四

五

六

七 嚴君應鹿鳴嘗凋空在先

八 五十 正月 人事迪吉喜氣臨门

九 廿三の 夫君早遊獨空房

二百一十 特援琴堂天顏有喜

一　九月　取用不竭斯為順境
二　作顯者之嘉賓操小民之生死
三　數有十四子註定不差移
四　神清氣爽物〻咸寧
五　逢鼠之年　皇恩疊至
六
七　癸酉之年名登黃甲
八　六十五正月　事難稱意
九　慈母不祿定在水年
二百二十　卅五六　画梁燕語柳堤魚鼓

一　山數快飲竹底烹茶

二　十月　多疑不定美巧成拙

三　險過生產享壽長年

四　廿四　死裡逃生祖德扶持

五　單刀劈華夏荊襄英豪

六　舌戰敵并人江東邁英群

七　詞流三峽水潤色一朝權

八　十二月　得失榮枯皆由命莫来由命不由人

九　遇鼠倉祿遊府權以此而榮身

二百三十　四十二　画堂布錦彩色交加

一　八月　萬事更新景物宜人
二　明倫堂上君顯道萬古流芳永不泯
三　八月　有災不利
四　戊運　童年不利宜加保寧
五　午運　午運然星現功名咸就時
六　此刻父死于馬年方合坎卦起
七　桂子死間疎與親躬膺誥贈沐 皇恩
八　利見大人復有高權
九　花開果不實命中犯孤神
二百四十　卅三四　桂子飄香梧桐玩月

二百五十

一 壬運 落木悲風玉餅生凍

二 祖業全無靠自奮振家聲

三 以調羹之鴻材膺鹽梅之重任

四 不令兄弟交相為瘉

五 本是同根生相煎何太急

六 到底难成就菓同氣亦枉然

七 夫家財祿比前空外家消磨實傷懷

八 二月 雀角之事未免有之

九 丁運 雖憂去憂去處之天偏逢有災有厄之年

十 職任礼部別有高擢

一　三月　遠小人近君子
二　此刻先有前母生母是後方合
三　文章華　國史館編修
四　象星朗朗不如孤月獨明
五　萱花殞矣屬金之年
六　官居大理位列評事
七　同氣相瘉角弓興刺
八　陞任黃堂來句來宣
九　此刻馬年登科方合危度
三百六十　莫向杜鵑啼處宿

一 鴻雁成陣力不勝有損無益獨成立

二 三十の 拔貢身榮顯親揚名

三 以舉人而効力即任知縣

四 五十七 八 仕途顯達聲名振榮任連陞祿培增

五 丁運 九十春光留不住一聲鶯語又黃昏

六 子息最艱辛雖有亦难成

七 位列太常名高博士

八 名列国子秩居監丞

九 布可縫兮粟可舂弟昆何故不相容

二百七十 掌絲綸之出入為通政之經歷

一 不見荊花茂長松獨倚樓

二 獨宿孤房年少客山前月映一枝紅

三 此剋母死于虵年方合危庚

四 身居太僕寺主陽县其司

五

六

七

八 其人性急剛強心聰仁慈

九 一世無妻孤另可悲

二百八十 鳥伴残雲去花因久雨開

一 廿七 芙蓉露落苐苐悲秋

二 財賦兮毫勤儉点丁粮多寡操持

三 孤臣羈塞外遊子客天涯

四 春去花残人不見夕陽孤塚淚千行

五

六

七 丁運 小燕辭巢玉笛悲秋

八

九

二百九十 十九 皎月朗〻楊柳依〻

一萬四千三百 丁運

一 吹笙鼓簧遂所願雁塔題名不可期
二
三
四 火土之年還援方合危三度
五 作神京之縣丞食令尹之祿秩
六 花落桃源春去早梅寄蓬山信未歸
七 身居兵馬司官任副指揮
八 辛卯之年名登黃甲
九 春光明媚淑氣迎人

三百一十

一 初任同知仕途无咎

二 試占磐帶之加復膺主事之選

三 萱花殞矣屬馬之年

四 食餼之年定逢火歲

五 積厚流光父登龍榜

六 此刻兄弟死于金木之年

七 橘綠橙黃江天暮雪

八 最怕逢傷官无成枉艱難

九 小人之言且勿聽前程有悞怨恨天

十 丑運欠清就莫道無道無情却有情

一 有 左之右之无不宜之

二 辛運 方做羲皇於午夢忽驚杯酒中於人間

三 二九卅 椿樹折兮復喪明痛何如也

四 辛運 西北風總起令人愁悶生

五 廿八 青雲扶足下年少掇巍科

六 十有 吉无不利

七 壬運 雲掩中秋月雨打上元燈

八 巳運 先搖金縷紫人映杏花紅

九 廣創田園非獨力全賴同氣相扶持

三百二十 官拜知事位列通政

三百三十

一　丁運　古木寒鴉遥峯積雪

二　此刻父母死於金木年方合角二度

三　紅粉消瘦美玉生埋

四　七雁同飛四簷雲衢

五　初任右堂利於進取

六　先靈早傳夢終于二林木

七　官至黃堂士民景仰

八　戊運　憂心悄悄哭悔不少

九　庚運　鳶飛魚躍心虛理融

十　有花方酌酒無月不登樓

一 五月 身安意穩

二 逢木变幻去耽無咎

三 越理妄謀終遭大凶

四 卯運 卯運清心元享利貞

五 土戟紫微照鄉榜姓名揚

六 鼠年遇勾絞仕途定有咎

七 明刑獄教臬司叅軍

八 鳴琴化理仙吏風流

九 心切愛日椿享太平

三百四十 已亥之年恩科及第

一 廿九 此日僅酬寂寞來朝又遇清明

二 位列宮墻名高教授

三 妙齡知保抱花開實不成

四 暫任恭遊三軍任重

五 交易在魚鹽之中前生乃有緣之地

六 已運 竹葉酒杯相似桃花人面可憐

七 詞成三善脩為命至今傳

八 此刻兄弟死於火土之年方合

九 螟蛉之道盡宗子宮必歸

三百五十 手足有幾人堪追燕山數

一　四十三の　出聲吁嗟又換熱熊羆叶吉竟天成
二　命帶孤神莫怨天兮莫尤人
三　七　亦足以暢敘幽情
四　伯道無兒天意絕莫說人人概與同
五　此刻母死于龍年方合
六　水賊之子其壽不永
七　青年登仕版人事遇奇緣
八　掌中弄珠早結實恐成虛
九　抱治賦之鴻才理軍儲而優裕
三百六十　丁運　東風亦作青雲客開遍南樓一樹花

一 四十 江上草堂巢翡翠苑邊高塚卧麒麟

二 廿三四 榮陞爵祿年少老成

三 此刻金命之妻死于水火年方合

四 復提守備另有高擢

五 嘆汝鰓〻戀野花有妨名節實可嗟

六 身有陰疾數已預知

七 此刻父死于羊年方合

八 彼美人兮妻和婆頤云麼[虞]兮家室寧

九 雨打枇邊聲寂寞添喜又值夜花闹

三百七十 耐守冰霜自有險事獲意

一　移花接木乃是兩姓之兒

二　風流好勝自多偏進接往來抱不平

三　二十一　洞房細語調鸚武紫帳吹簫引鳳凰

四　鼠牛変幻雖危无咎

五　土戭之子當有刑尅

六　當路高人虛座以待囹圄靡脊 筆下超生

七　水土之年推勞就逸

八　任尋本業衣祿无虧

九　婆媳不相見雖各一心

三百八十　酉運　蝶忘枯枝長亭衰柳

一 丁運 新露蟬鳴玉筆生涼

二 載弄之璋

三 陞任巡檢即得上人提拔

四 逢戌之年陞任六品

五 果敢有斷行不路機

六 此日僅酧寂寞来朝又報清明

七 勿聽小人言自身作主張

八 六月 雀角之爭未免有之

九 不慣詩書都好友詩文一派全知已

三百九十 史館檢討王國羽儀

一 人皆有兄弟我獨無

二 高人自當提挈非同萍水相逢

三 六月 所求必得左右咸宜

四 一妻二妾三子成寔

五 一生錢帛難悠久恰似萍蹤任去留

六 到老守空幃寧无嘆息聲 若

七 梅花春前任他早年富貴菊開秋後我晚景榮華

八 此刻金木之妻死于木火年方合

九 手足有血光之災

一第四千四百 榮膺恩錫職司典籍

一 之屏之翰來自來宣

二 名列中書科官拜中書職

三 本參軍之鴻猷佐琴堂而署理

四 綸音南煥協鎮飛騰

五 我生不辰無兄無弟

六 火木年生任琴堂方合九二度推

七 不是填房之子定為側室之兒

八 樂隱鹽魚效古良相

九 壬運 四月清和景下雨又下晴

四百一十 日臨炎夏蘭芽折月到清秋桂子香

四百二十

一　六月　暑炎相侵須宜謹慎

二　本年恩星照把捻暫榮身

三　体東正氣行藏渾然

四　鼠年牛安幼官逢赦度

五　種玉藍田裡凤来玉樹催

六　母死於家欲見死由

七　惟熊惟羆祥兆三旬之外

八　情詞已定惟知韞櫝而藏案牘紛陳堪作幕賓佐

九　翼羽翩翩先折其三

十　丙運　落絮濛濛花陰寂寂

四百三十

一 日隨花舒逢時增喜

二 芸窓已盡千年若无如朱衣太不情

三 火年恩星照守偹遇吉緣

四 早拖懐中物終遺掌上珠

五 身居内閣位列中書

六 位居詹事府主簿[簿]豈其司

七 癸運 榴火照目榴金照眼

八 義方之訓誰賴閫極之恩难酬

九 蛟龍出水蚍年岌指日荣陞守偹尊

十 癸運 蒲人呈瑞艾虎生輝

一	
二	初任分佐魚大使
三	授戩都事列名藩司
四	
五	
六	
七	辛巳之科進士及第
八	身居前曾戩州判
九	三讓世襲奮志青雲
四百四十 丁運	榴花吐艷蓉蕊生香

癸運

一 高梁新有燕應知花信來

二 壯懷未遂乘龍願遺体而今伴虎眠

三 窗前螢火曾相共青衿不向我身來

四 桂棟一枝昆山片玉而已

五 有意扳仙桂嫦娥愛少年

六 養成頭角超凡衆奮起風雲上九重

七 銀橋初度後玉燕早投懷

八 腹坦東床早嵩靈岳降遲

九 此刻父死于猴年方合

四百五十 勿云致仕歸山隱且向朱門作貴賓

一　脱穎而出定顯長年

二　鴛鴦重作对鸚武換凰皇

三　早歲浮沉能望誰自成自立自支持

四　穩足無憂往来春秋

五　福從險處出提挍軍務人

六　陞人分佐職署琴堂

七　熟諳蕭公律堪為顯者師

八　舊秦今楚有名無實

九　公庭効職衣祿無虧

四百六十　掌天下户口之繁為地官司徒之長

四百七十

一 身為知事戢隸臬司

二 坐鎮藩庫戢司理財

三 火土之年身入國學方合此刻

四 知輕重別賢愚志量深沉

五 談空〻於釋部覈伭〻于道流

六 園林花卉秀次苐生墻来

七

八 忻然樂意經營得財帛豐盈貿易来

九 此刻有水土之子土木年過繼方合

十 詞源三峽水涵色一朝權

一　四月　人事從容不如守拙

二　木火年中舉水土年入詞林方合亢推

三　議敘効用復有高期

四　卯運　不明不晦運有迍邅

五　官居府經名高叅軍

六　十里香風五里花弄璋消息報天涯

七　午月　小心口角餘俱太平

八　鹽課是司官居大使

九

四百八十　花紅柳綠洵堪羨雪白霜清亦可憂

四百九十

一 二 三 四 五 六 七 八 九

四十四

一 同兄弟有幾掌中首屈一指

三 三日懸弦應足喜中年結子未為遲

四 職任學校德化芹宮

五 名列藩司職居照磨

六 此刻龍年入泮方合鸞度

七 禎祥迭見福曜相扶

一 此刻父死於猴年方合坎卦

二 四十四 滿園色遍紅紫交加

三 百兩于歸名门相配

四 胃 蟠桃結子重丹桂再生枝

五 桃花笑日柳綠搖風

六 官居照磨位隸臬司

七

八

九

一萬四千五百

一 七月 人在中途忽然遇雨

二 何須怨人又怨天既至三府非美緣

三 官至四品位冠群僚

四 佳人有嫡毋(無)雍〻室家和

五 羽翼上國文彩風流

六 已運 不惟无益而反有害

七 巫山將作往方得熊羆入夢來 美事

八 三巳何須存愠色 九重丹詔自天來

九 四十 拗天時而借人事不入盡人事以待天時

五百一十 蓮幕溫存客文章應八方

一 陞遷喜逢木更上一層樓
二 温良遜讓和厚居心
三 水金之年椿枝凤折
四 浔雛休恨晚桂子莫嫌遲凰
五 官任佐堂另有高擢
六 戢居理向光輝梓里
七 六月 瞻前顧後舉動維艱
八
九

五百二十
五十 桃紅李白桂馥蘭芬

一

二

三 精扵音律名士凬流

四

五 午運 不須撥草尋蛇打切勿騎鯨撈月節

六 財賦君須慎出入林教平地起凬波

七 七雁高飛同父異母

八 斯文末路敬尔威儀

九 萱花非一樹庭棣異園開

五百三十 人嫌事亂我羨公餘

一二三四五六七八九五百四十

逢牛遇虎高人提定有危險獲君意
脱頴才華曾倫著許看挼筆学封候
七十三 老當益壯采花玩月
雲程千里客魚雁自知音
綠華生花君莫望硯糊口自悠宜
此刻母死於兎年方合

一 廿三四 命帶刑傷妻死子亡

二 此刻父死於水年母死於火年方合亢度

三 宣科鬓成雪方看掌弄珠

四 在官任事祿足代耕

五 官至太守

六 甫調琴瑟之好旋抱麒麟之兒

七 駟遁綿遑思數馬以对

八 軍書迅速奚計絕塵而奔

九

五百五十

一 未必畢而婚先有兒是謂移花接木

二 不慣詩書稱富有全凴貨殖作生涯

三 補任吏目高人提復任巡司勿自欺

四 財來財去不免負債

五 魚盐之中實獲我心

六 其女柔惠為心聰明秉性

七 為國捐軀損一手足

八 坐鎮雄關通商裕國

九

五百六十 癸運 天上清風明月人間吐氣揚眉

五百七十 九 八 七 六 五 四 三 二 一

丙運

枳棘難棲鸞鳳主簿權屈九仇香

未登廊廟地品内受戢人

琴瑟調已久長庚入夢遲

幾時從舊人物維新

印授副揔兵民欢忻

鬢斷舉案玉煎投懷

此刻父死于雞年方合

案牘非吾意且自屈長才

壯年仕路多危險愼却前程莫怨天

五百八十

一 姻緣皆是前生定半路合巹偕百年

二 雖無青衿之分却有翰墨之香

三 此刻兄弟四人先損二丁方合兄卦

四 復任典史數有前定

五 始為一念差終身多吁嗟

六 一生剛方正直瀟洒出塵

七 萱草凋何戕火木之年逢

八 品學兼優明經獲雋

九

夫命屬馬方合此卦

一 前妻屬金后妻属火方合此刻

二 抱補袞袞之才獻貢筐篚于織貝

三 考芳耽与宣猷是運之大使

四 丹桂庭前秋寂寂高堂両鬢日加霜

五 春風和藹意氣揚揚

六 世正月 螟蛉对对舞丹桂枝枝荣

七 揔是魏國之心安有孟嘗之誼 涓

八 正室空雨露偏房主弄璋

九

五百九十 年運 聊將栢葉酒試莫五辛盤

一万四千占首 九 八 七 六 五 四 三 二 一

文章不須朱衣点丹桂書田宜厚培
嫦星先報喜婺女早呈祥
幼年最嘆多蹉跎祖基継有亦消磨
莫怨祖宗遺業少只根兒孫消磨多
此刻母死於庚年方合
门楣占巽索婺女發祥光

夫命属猪方合此卦

一
二
三
四
五
六
七
八
九
十
六百一

子規夜半猶啼血不信东風喚不回
雄唱雌和弄嬌聲中途離別痛傷心
妻若閨中妾驗絮蘭波

喜溢门楣歌美尾夢看寶月入懷時

一　二　三　四　五　六　七　八　九　六百二十

琴瑟音杳尚未婣羊路合巹偕百年

遊泮水而登龍門脫青衣而換紫袍

太學之正國子先生

六百三十

一 年運 道與日南福隨剛長

二 廿四 恩星照命官祿顯揚

三 爪從財帛盈安內之中多操心

四 初任庫庭財賦生入

五 盡人事以待天時僭天時不如人事

六 无緣添羽翼獨子奉双親

七 身任主鴻聲名遠戎馬崎嶇人地宜

八 由捐貢而棲教職人緣多遇

九 此剋父死于火年方合

十 前妻屬木后妻屬火土方合此剋

一 老驥方期千年遠驚鳥擬托一枝难

二 由内臣而陞令尹器重循良

三 布衣無夢到楓宸青眼誰憐不遇人

四 此刻雞年中舉方合角度

五 岩墻須是危中險函谷又逃死裡生

六

七

八

九

六百四十

一 夫命屬申方合此列

二 廿三 双孝臨门椿萱萎並

三 廿四 怙恃已失弱自撑持

四 祖父擅孝倫之豪子孫餒若敖之鬼

五 貽謀雖善繩武未能

六 四十六 感戚月之方賒睹天地之否泰

七 朱门方正士好去学風流

八 爵外千鍾祿春林一樹花

九 由吏目而至經歷復有高擢

六百五十 兄弟雖有仝母異生父

六百卆

一　火命之兒定不長元
二　陞任琴堂不期変幻
三　欲速則不達行藏多鄙吝
四　初任泰府出力乃遷
五　廿五　且養浩之氣再加克之已功
六　險事獲意利見大人
七　父子情性各判炎凉
八　温委品格金玉丰姿
九　嗟我佳人今何在

六百七十

一

二

三

四 前妻屬火后妻屬土方是此刻

五 欲速則不達胆大而心小

六 食饑之年定逢大饑

七

八 文章那作一錢值命壓人頭可奈何

九 雷雲滾滾點雨全無費尽精神枉用工夫

十 晚望前山霧色開今朝人事喜寬懷

一 夫命屬犬方合此卦

二 梁案齊眉稱淑女庭前步着班衣人

三 三月 家鬼美家人

四

五

六 才高不免為人忌爈火徒劳半世功

七 文章不能超萬象刀筆亦堪富五車

八

九

六百八十 西室屬金側室屬木方合此卦

一		
二		
三		
四		調佐花封陞署縣令
五	成運	性急心直龍頭蛇尾
六	成運	光浮竇氏之機韻响王喬之履
七		雖云銅章印綬之榮却有事勢威權之屬
八		庚辰之年鄉科及第
九		食饑之年空遭土賊
六百九十	廿五	隴頭消息報春来点綴梅花次第開

第四千七百

一　並蒂芙蕖空有色泛傍一朶發奇香

二　雁行排品字能者先凋殘

三　十月　太平之象

四　六月　哭晦侵身

五　子運　得過且過得閒且閒

六　逢牛遇虎爵位榮遷

七　土水之賊鵲報佳音

八　剛以任事志氣軒昂

九　官任筆帖式數逢紫微星

一 六十二巳月 得意洋〻

二 不食詩書千鍾祿只將筆硯作生涯

三 陞至道台位冠群僚

四 辰運 終凶且暴中心是悼

五 甲運 喜雀重〻噪玉書報好音

六 三月 安居无咎

七 幸有賢母撫孤子四德維身啟後皆

八 遇土有刑嚴君永遊

九 此刻犬年又伴方合柳庚

七百一十 戌運 雖有園中之樂难免意外之憂

一　午　啾唧不利宜加保養

二　今有前母我出繼母今有庶母我出嫡

三　丑　閨中少貞吉總宜調和功

四　不列行伍之中亦掌帷幄之事

五　丑　破財不利

六　欲見佳人面相逢在夢中

七　未　未運不詳凶星宜防

八　爵外千鍾祿藝林一樹花

九　數上祖業凋零矣白手自創轉興隆

七百二十　逢雞遇鼠步上青雲

一

二

三 酉 此運欠利

四 三月 發無意之財

五 異姓運成親骨肉假裝和樂奏塤箎

六 辰金之年椿樹風折

七 庚 錦江春色來天地玉壘浮雲變古今

八 當東家共家棄之父母柱從輕從之条

九 亥 亥運不利困中少吉

七百三十 只意名標琴堂不期安約意外

七百四十

一 滌培厚德心田好陰隲惟應上天知

二 喜氣隆隆

三 肖

四 鴻雁成陣一棲他枝

五 身任州判仕难遂意

六 幼年承繼當立嗣於母旧

七 本邑宰之經濟借箸剛眉膺其選而宣猷大材小用

八 此刻當為幕賓方合角一度

九

一 二 三 四 五 六 七 八 九

七百五十

對酒當歌人生幾何

七百六十

一 八月 太平之象

二 逢雞遇猪降任无虞

三 六月 平安吉慶

四

五

六

七

八

九

七百七十

一 二 三 四 五 六 七 八 九 十

三九

出入皆亨往來廻吉

不入營伍之中亦兮帷幄之績

只為心高志大因此蹤跡不寧

一		
二		援筆題羣秀金年筆吐花
三	四十七八	春至人間花弄色時來門第事更新
四	七月	生計平安寬然有慶
五	七月	滿園花開樂事稱懷
六		館中効力仕途暢懷
七		長兄溺居水濱數該死于非命
八	三月	謹風寒節飲食
九		逢年遇選擇高攀第一枝
七百八十	已	可以安居可以得食

七百九

一	二	三	四	五	六	七	八	九	十
		戊			未				

喜處相兼吉人扶助

不耕不織食衣无虞

山前山後皆明月江北江西揔是春

借人三尺柄恩泽下於民

此刻父死于猪年方合

高人輕借力得意喜洋洋

一　卯　唧々蟲聲愈助寂寞

二　田連阡百創守不易數口之家可以充虞

三　金火初得志暫任把總榮

四　目真方廿穩地位即高期

五　昔日寫文屈友而今肝腸列寸裂

六　受黃恩而身任主事不愧至公兩字

七　宰文衡而甄別全省端在鄉試三塲

八

九

一弟四千八百　酉　石　原上流泉潺々澹々雲向孤雁嚎々嘹々

八百一十

一 二 三 四 五 六 七 八 九 十

命載中旬交鴛枕産淂名駒莫怨遅

五經学博聖賢苗衣

異路功名君更奇軍營努力効前驅

[illegible]揚卷切洗大運方來

辰

八百二十

一 辰 心雖有樂身豈無憂

二 正樹成實晚早梅結傍枝

三 三月 業不而謀自成

四 陞任提督威懾三軍

五 此刻牛年入泮方合算度

六

七 兑換銀錢財源不竭

八 此刻妻配属命方合柳三度

九

一 辛 運與人合福自天申
二 耽隸鹽運位列參軍
三 名列國学身居房科
四 胥 曰吉曰利
五 此刻母死于牛年方合十三度
六
七
八
九
八百三十 堆金積玉到底皆空

八百四十

一 早歲速迨婚不遇影隻形单半世空

二 梅蕊春前任他早年富貴 菊開秋後看 秋晚節荣華

三 明月落〻人物安康

四 取運

五 荣任照磨數已預知

六 前母先棄世后母從良人

七

八

九

十 上下悠然高底占吉

一	二	三	四	五	六	七	八	九	八百五十
四十二			八月						

不必費心机亨通自有時
欲見相公須下剌豈无儀範以相迎
此刻父母死木土年方合氐度
月色落落人事迪吉

八百六十

一 二 三 四 五 六 七 八 九 十

朝夕權賦出入慎丁粮

有錢不作无錢想得取快時忘却愁

小往大来吉亨

八百七十

一

二

三

四 二月 中浮之象

五 壽元

六

七 火金之子過繼方合氏度

八

九

八百八

一　辛　可以施為及時湧進
二　三月　任居大展
三
四
五　廿七八九　萬紫千紅總是春无邊光景一時新
六
七
八
九
十

一 二 三 四 五 六 七 八 九 十

八百九十

苗 六五

一字君須記卜之曰守
妻死于木火年方合此刻
此刻金水之子出继方合柳度
此刻木火之子過继方合星度
職居四品深合 皇恩
陰陽不和調人事有蹉跎

一萬四千九百

一

二

三

四 早運淹沉志不通只因誤入網羅中

五 水土主子生繼方合婁庚

六 久蟄鵾鵬思海浪欲知飛鵬鶚秋風

七 丁運 妯娌机關及早防之

八 孤闈寂寞到黃昏離離合合早難成

九 九月 初詠關雎之什旋賡麟趾之章

防採薪之憂寒暑之患

一 鄉夲里還特膺皇恩
二
三
四
五
六
七
八 三月 洋洋得意
九
九百一十

一 二 三 四 五 六 七 八 九 九百二十

此刻羊年入泮方合亢度

自去自來樑上燕時潛時見運逢龍

九百三十

一 卯 花有清香月有陰素城无處不清明

二

三

四

五 詞成三善脩為命至今傳

六

七

八

九

十

漫道文章不貴顯却与候伯一班齊

一

二

三

四

五

六

七

八

九

九百四十

一 二 三 四 五 六 七 八 九 九百五十

已

白雲終日散明月落誰家

九百六十

一　寅　西風吹入園明内驚起佳人夜不寧

二　三月　安分守己可免无咎

三

四

五

六

七

八

九

九百七十

一 二 三 四 五 六 七 八 九

一　卯　頑人其頑不免災危

九百七十　此刻母死于子年方合半一度

一 丑

丑運欠吉祥佳人有鸞惶

二 三月

月到中秋分外明

三 雖非股肱之臣然折肱之士

四

五

六

七

八

九

十 九百八十

官星坐命祿逢榮遷

一 二 三 四 五 六 七 八 九 九百九十

前後母屬金土方合此刻

佳人衍子笑尼有之

一
二
三
四
五
六
七
八
九
一第五千

雖凭紅葉傳佳句无奈婚姻不動頭

氷壺玉涵秦鏡高懸

前母屬火
後鈦方合此刻

一萬五千〇二十

一 二 三 四 五 六 七 八 九

此刻金木納音合兄弟生年

童年行甲運安穩無憂惱
勿向宮墻祈脫賴只宜異路覓成名

一　辰運　漢王有意投枯井良馬垂韁救主人

二　二十三四　再換琴堂百年歡聲彈一曲

三　此刻木水納音合兄弟生年

四

五　庚運　羌藺之讖童子可免

六

七

八

九

一萬五千〇二十　甲運　根深蒂固有為之勢

一 二 三 四 五 六 七 八 九

五千〇三十

雲開山色秀雨過碧天清
官至守備不能高擢
此刻水火納音合兄弟生耳

五千〇四

一

二

三

四 六十三 啾唧不安

五

六

七

八 五十九 花甲方週其人已休

九

十

五千〇五十

一 二十 紅溝新柳藍田美玉產良緣

二

三

四

五 早運蹉跎惆悵多纔有錢財也消磨

六 出入集鍊地交接載粮人

七

八

九 此刻火土納音合兄弟生年

五千〇六十

一　丙運　如新竹發生亭亭直上

二　二月　財源茂盛

三　三嫁之夫于歸永別

四　數上祖業微白手自創奇

五

六

七

八

九

五千〇七十

一 雁行濟々終多拆鶴立孤存丹桂榮

二

三 五月 紫微照命財喜交來

四 文光直射斗際遇貢名揚

五 遇水逢土進取有悮

六 乙運 雖有吉神照却有災星臨

七

八

九

五千〇八十

一 寔為不淑多有災晦

二

三

四 四月 人安物阜

五 逢犬遇還擇高攀第一枝

六

七

八

九

十 莫道我生無兄弟雖有雁陣不成行

五千〇九十

一 五月 吉利亨通

二 地中出泉稱大有白鹽山下獲利多

三 此刻父死於鼠年方合此卦

四 學純而養粹鄉貢當榮身

五

六 未曾取妻先娶妾數中註定不差移

七

八 十月 喜氣臨門高卧南窗

九

五千一百

一 二 三 四 五 六 七 八 九

雲生寒谷澗花綻錦城中

庚金戕君值午鄉坎变隂兮乾安陽

青年外委終不失逢金德任把揔禁

一百一

一 生我父兮定有虧晚来六根目有傷

二 數有十子七子送終

三 此刻妾死于金木之年方合此卦

四 五月 太平之象

五 十月 產人难免災星

六 即授室之当立嗣於姊丈

七 棣棠競秀全年大津

八 癸酉 癸水霏霏惡曜臨童年值此損精神

九 三月 陡然一凶

十 孫臏擇故國思到便還鄉

一百二百

一 小歲運險事難心誰料高人喜提君

二 功名何日遇土戩得委粮

三 龍兔相逢仕途有阻

四

五

六

七 辛月 財源湧進

八 壬運 光天化日手舞却蹈

九 土火年捐貢方合元亢三度

一 猿吟雞鳴爵秩榮陞

二

三

四 盲 瞎中須防箭

五

六

七

八

九

一百三十

一　欲待守成祖業豈知祖業先消

二　職至七品復任縣令

三　丁運　丁火微微吐秀花艷

四

五

六

七

八

九　佳期已卜憑紅葉琴瑟將調忽斷弦

一百四十　丙運　丙火揚揚童年禎祥

一	二	三	四	五	六	七	八	九	一百五十
	爵至同府遇猴乃遷	合巹有期緣分淺 天意無情忍別離	壬 謀為難在已運限奪天工			戊運 幼年安穩無過于斯			

一 二 三 四 五 六 七 八 九 一百六十

肓

中秋月明呈賜心懷

磨穿鐵硯苦寒窓五夜凉

一 二 三 四 五 六 七 八 九

一百七十

小人之言切勿聽財利兩字一担空

悲喜交加非是当年之音

四十七

來此同妻並有子不偏情蓋也偏情

刑妻又刑妻四度見佳期

官任都府數由前定

一百八十

一　可惜半生衣祿足一生長嘆恨無兒

二　謹小慎微卑以自牧

三　六十五　勿貪多而不足勿心多而過慮

四　性情躁暴作事勇往

五　野花有毒放手免災

六　耽署琴堂未爲暢意

七　無憂無慮終日嬉戲

八　美璋人人愛只恐天意不留情

九　土水常微四爵祿便高遷

一 五月 妻室欠寧

二 莫道雁行緣分淺偏在他鄉遇六親

三 隨嚴跋涉過他鄉誰識高人有提携

四 得失榮枯皆由命棄文就武終無成

五 二月 財源廣進

六 初任外委陞任把總

七 六月 病患不能免

八 豈是聰明无可比凡事總能用苦功

九 枯楊生梯將來茂盛

一百九十 五十六 春雷震動殸應空谷

一 巳 初年行止優游自得

二 祖業父先耗汝承限定徵

三 鵬羽却從高處翥提拔依然結契人

四 屬火之子早死方合

五 十月 小人之言勿聽免得是非擾心

六 雁陣分飛樂奏兩音

七 二十 防失脫脊小人

八 金歲方能得顯榮位至千總非吉緣

九

五千二百

二百一

一 二十九 靜坐當思已過 閑談莫論是非

二 官至吏目仕途變幻

三 二十一 嚴君西逝矣陟岵曷勝悲

四 二十一 椿樹風吹折三年泣血哀

五 屬土之子早夗方合此刹

六 十二月 財似春泉湧利如秋月輝

七

八

九

十

一　甲　深閨閣內生憔悴獨托香腮淚兩行

二　一枝先凋秀而不實

三　十一月　添丁之喜

四　身在青衿無人識到頭九流便蜚聲

五　錢財無定今是昨非西去東來川流不息

六　為國求賢一時人文歸棄取坐焰不遺全屬英才任品評

七　五十一月正　大展笑顏樂事怡心

八　五月　禎祥迭見大展所懷

九　妻妾本是前生定正副原來夙定緣

二百二十　稽太常之事為贊禮之郎

二百三十

一 蔺茅棲枝光前欲後 裕

二 平生托跡市廛中財源遂意氣象豐

三 初任主事

四 恳心照命祿位復陞

五 職任佐貳另乃高期

六 二十一 慈母仙逝

七 移西各三雲乘蔭蕙沛三載之雨濡間黍秀

八 八月 妄動生咎

九

三百四十

一 由監而捐吏目復有高期

二 丙運 童年丙運吉利多精神

三 戊運 月落鳥啼霜滿天江楓漁火对(愁)眠

四 苐家生佛三吳福星

五 心性和平靄然和平

六 數雁同飛成品字一隻高飛一隻落

七 財如春風漲利似百花開

八 丁運 丁運值同(臺)年无咎多貞吉

九 初開桂蕊數飛佳秋風吹折落梅花

逢牛遇選擇高攀第一枝

一 甲運 碧紗屏帳春風煖紅燭台前月影高

二 三巳何須苦溫色九重丹詔自天來

三 此刻分乃沒母生我克母方合

四 在東小心宜再詠數倚妄也成羣

五 孟子曰獨真是獨有書著去兒空有書

六 果敢有斷事不讓人凡事爭先行發勇猛

七 此刻水火年亡妻方合

八 有 王事靡盬欲從政亨

九 虎兔之年官量逸凡事謹慎乃無虞

二百五十 覺海頓超心本湛依塵隔脫性天青

二百六十

一　才智過人事多好勝

二　叔伯緣分淺不念同根生

三　二月　親戚當防變勿聽信人言

四　犬命之夫方能白首

五　人物迷醉高低小心

六　六七月止　一枝別他鄉那見終云由

七　遇而不遇人事多變

八　十月　早歸早眠切莫門外納風涼

九　逢猴遇雞榮任爵祿

一 龍蛇利見陞任六品

二 舉動行為須宜守舊

三 肖 仕途變幻嘆柳惠君今逢合六同然

四 離鄉別祖竟作他方之客 皇恩似海定有回星之時

五 由秀才而捐貢數中洞然

六 土木之年定有曾孫

七 馬年懸星必榮陞是其時

八 所司何司宜岸宜嶽

九 婦於箋帖青雲有階

二百七十 九天閶闔開宮殿萬國衣冠拜冕旒

二百八十

一　乙運　壹年災晦臨花柳損精神

二

三

四

五

六　八月　宜家康寧

七　雁行折翼落花流水死於非命

八　明刀容易躲暗箭却难防

九　半世經營燕守新婚中年伉儷麟趾呈祥

一 丑日

二 五月 坦々而行

三 筆端生造化 廪禄得其含

四 嚴君歸期在何時 大歲一過有刑傷

五 四十五六 身冑矢石建奇功 帝心簡在 聖恩隆

六

七

八 權子母而征什一 儲國賦以裕民財

九 數上祖業嘆凋零 自創無能多守成

二百九十

五千三百

一 雁行三字 孫居其末

二 一道皇恩下九重 父戮無辜子祿榮

三 閏月 居之安勿妄謀

四

五

六 雖有破耗應防內室小人

七 七丁 雖有狂風難拔根深之木

八 七刻金土之子木火過[illegible]方合

九 數有十五子先天註定

一 五月 陞任外委道遠元咎

二 五月 萬里雲收月正明

三 庚運 風浪浮雲西復東重逢作處又逢凶

四 八月 慎是非

五 疎財重義恩變成仇

六 琢磨功成深空為食饑

七 五月 平坦

八 為人會用功夫能施展佈

九

三百一十 初任典史人民景仰

一　三雁高飛成品字幾聲嘹喨過南來

二　榮任左堂士民欣仰

三　非吏非儒寄跡公庭

四　三嫁之夫數定房室難

五　昆玉五人同父異母

六　壬午之年名登鄉薦

七　陞任知州不無應酬

八　冰壺朗映秦鏡高懸

九　福自天申閨中康寧

三百二十

三百三十

一 青雲不得路名難列先生

二 根深不怕風搖動自有凌雲徑寸心

三 為命之夫得以偕老

四 雖飛入幕之賓亦是斯文之末

五 榮位守備士卒欽仰

六 居生嫡母系有庶母

七 術紹岐黃稱國手肱經三折錄名醫

八 出入公庭迎貴介奔走城闕奉天差

九 生來無半畝之貽謀何須向祖業之興隆

十 先剋兄弟多人中有一貴方合

一 君生庶母有嫡母

二 同氣連枝多昆季 遍插茱萸少一人

三 有勇敢之氣無決斷之才

四 肖 利名湧泉

五 生未見兔面 死後兆呈祥

六 顛狂柳絮隨風舞 輕薄桃花逐水流

七 身遊泮水登異途 經國子民政務好

八 五十二正月 莫交無義之人

九 九任學憲 桃李滿門

三百四千

未識先天化日 止知暮樂歡款

一 初任州判過鼠方遷

二 棣棠競秀數中間然

三 十月 足稱心懷事無窒碍

四 正室花開結子遲再娶偏房許生兒

五 鸞鳳和鳴疑是夢鴛鴦作對擬盧成

六 珠履三千稱上客玉関投筆覓封侯

七 枝枯根朽樹落花殘

八 吹歸何期早破鏡又飛祥

九 雖行皓首全白髮誰識糟糠不到頭

三百五十 苦志難窮三都賦蒼顏月下一空囊

三百六十

一　身似浮萍他鄉客　嬉遊異地別離情

二　十二月　吉利生輝

三　三十七　織其口而折其舌　水乃消而尾乃缺

四　仕路崎嶇皆分定　前程有慢莫怨天

五　分有繼母　君生嫡母

六　一月　退一步忍一句

七　猴戲武曲　四飛鴻五騰逸

八　十月　目有疾須防崇

九　兔年自有三島夢　漢蘇更上一層樓

一		结髮分破鏡再娶又刑傷 三度佳期定才得全君長
二		風捲荷珠圓復碎 雨淋桃花淡還紅
三		此刻虎年入判方合
四		飛應三島夢飛騰五湖遙
五	癸運	初栽之桂根猶淺 後接之木格未牢
六		祖業有如水底月 算來亦似火中灰
七	盲	目有疾身處危
八	五十二正月	中秋月朗明如鏡 好似花叢值陽春
九		幼年困災多 未入空門先茹素
三百七十	丁運	丁運值童年 月出又雲掩

一 未運 未字迪吉去往不利

二 由盈而損吏目數已先知

三 四十七 榮任宮牆宏樂育操琴幾弄又斷弦

四 不堪退憶是離鄉受盡甘苦歎衷腸

五 八月 出入攸宜

六 十月 退一步忍一句

七 祖業雖未厚安然可長保

八 十月 財喜并進

九 五十四正月 瑞氣映華堂家門大吉堂

三百八十 伯仲原同氣塤篪為奏音

三百九十

一 官居副憲名高御史

二 初任經歷自有高遷

三 歡步青雲未有梯房科壽臨上人提

四 虎賦是星照高遷是其時

五 鹿鳴雖可歌春闈總不第

六 凌雲有志恨無梯幸得賢良(郎)佩紫羅

七 江汜嘗真難事試看君家能未能

八 祇園(緣)悵信枕邊話棠棣花開又復殘

九 文王真有刑于化蟄蟄螽斯無間言

十 琴瑟初調未協曲如何鸞膠忽斷絃

五千四百

一 二 三 四 五 六 七 八 九

理無化岐醫術搖由學術性真一致天心猶在人心

無愧紀綱之譽真有介紹之風

惟悌君子令儀令色

四百一十

一 此刻火金年內任京職方合

二 公庭效力注定蓋房

三 作事奸宄笑裡藏刀

四 鼠牛宮星晦凡事須謹防

五

六 因軍功而議敘先天洞悉

七 金土之年陞任千總

八 歷任協鎮 復荷 皇恩

九

十

一

二

三

四

五 空數

六 空數

七

八

九

四百二十

此刻火金之年死於木土之戕方合
雖為介紹之筆深有紀綱之風
別揭生來誇長吏題興起視展雄才
負耿介操依之標有瀟洒出塵之想
七弦
負耿是君昆玉次中有一弦改調彈

四百三十

一　二　三　四　五　六　七　八　九

八月

虎虥文昌照懸科及第時

那向斯文尋來路且將筆力勉營

秋風有信桂蕊生香

松風水月未足其清華仙露明珠詎能方茲朗潤

同氣連枝三雁高鳴

萬物咸亨室家康寧

此刻妻死於大土之年方合

一　花柳映春堤搖曳細腰肢

二　職授三府人民瞻仰

三　幸運　幸運與人合用中事事宜

四　四十六　身冒矢石逢凶化吉

五　佐理寺丞貳於正卿

六　回祿之災數定不免

七　巡視五城官任指揮

八　逢雞過鼠直上青雲

九

四千四十　職任州同光榮梓里

一 祖業微小良人劍財帛盈餘蓄積來

二 孝哉閔子騫人不間於其父母昆弟之言

三 八十三 落花流水杳然去別有天地非人間

四 結髮麟兒歸黃路瓊林丹桂異園飄

五 三鳳同室出一慶雙翱翔

六 共刻土之子死於金木之年方合

七 不惟年少登科早更喜梅占百花魁

八 雀屏惟君早室窓任君光

九 黃金葉淡白玉花前

四百五十 任他雲衢張迴翮莫如秋老梧桐

一　五十七歲正月　火星之咎須宜慎之

二　其女性情和厚才能兼優

三　十一月　災晦不免

四　功名君有分全憑同氣人

五　金土年生仕黃堂方合七剋

六　老人事以待天時應有恩星照耀

七　三十三歲正月　小口舌切勿遠行

八　二月　遠行近取其道坪坦

九　騎射優嫻出身外委

四百六十　百千家億常經手分毫罣歷不徇情

四百七十　十二百　枕桂之哭

一　光山沒吉事流連值到君前落自然

二　泮水雖小却有味鹿鳴自由不可期

三　最美大被同眠誰知一幅先冷

四　嫡室見亡肝腸斷

五　錦上添花遊遍雁塔

六　蚍年入泮方合此刻

七　逢水遇土榮任之秋

八　嚴君西遊空逢水年

九　居察院之中掌都事之職

四百八十

一

二

三

四 青雲生足下 猴獄應鹿鳴

五 此刻水火之妻 死於金木年方合

六 青 小心是非

七 八月 不期而得意外之財

八 平生多謹慎言不妄 發事不為

九 幸運 少年騎竹馬 逍遙度時光

十 任職京之令尹 沐主之殊恩

四百九千

一 二 三 四 五 六 七 八 九

辰運

煞 首發值重犀星塵符分德高別揭

逢鼠降賊雖危去咎

母枉法淒人心也須知栽培不爲文壽墨 方奇姑 學子初

比剋父死於庚年方合

庚子之年名登黃甲

龍遊淺水忌騰躍運行庫地困難人

賦性多偏

羲君仙遊何其迫孝子臨期未送終

終難免情受支久財不明兮義自疎

一萬五千五百

一　二　三　四　五　六　七　八　九

八月

三篇錦繡一奪鰲頭
錦中知用仕途不虛
人事暢懷
知人危急惜苦憐貧
桃夭窈窕搖是空不見枝頭一枝紅
陞任知州甘棠布德
綠羅金帛倉箱滿七品榮封休吝恩
慈親何日遊本歲定仙遊
青雲扶足下還援在雞年
驥馳萬里鶴唳九青

五百一十

一 崎嶇戎馬効力疆場

二 勞勞身心兩不寧 旦晚總在衙門行

三 同氣連枝一兩別樹

四 備七步之才 不識運安 根骨 抱五車之富 詎亞工部 文章

五 食饍之年 宜逢金歲

六 土水年生 壮方合七卦

七 系有嫡母 君生母庶

八 初任郡幕 暫借録司

九 此刻母死 于猴年方合

一　四月　富家不利

二　雖云權戚之榮却多案牘之積

三　少年未遂接龍志且向朱門作幕賓

四　莫謂錢財不發福祇恐君身不聚財

五　棄詩書而奔跡公庭旅進旅退

六　服弱不服強心剛而志直

七　文以文勝武以武出功

八　不疾不徐行藏儒雅

九　龍蛇變幻有虞无咎

五百二十

五百三十

一 逢馬遇羊爵級榮遷

二 八月 卯時圖謀大得其利

三

四

五

六 金銀家地獲利良多

七

八 妻棄又娶妾三度見産期

九 由秀才而捐把總莫逆乎數

十 業績雖云極經綸自有餘

一 陞任知州士民有慶

二 癸六 仕途變幻復任知令

三 休恃矍鑠只恐龍鍾

四 二月 外孝臨身

五

六

七

八

九

五百四十 十月 太平之象

一 二 三 四 五 六 七 八 九 五百五十

十
青

陞任同知仕途遂意

生類拔萃人欽仰自悞進取莫怨天

試看君乎足破耗不堪言

早年財利如浮雲外面光華內無存

巡檢陞左堂名譽日彌彰

問事莫管無事早歸

鴛鴦匹配休言早桂子蘭芳恐亦遲

事事過口件件操心

不辭文不弄墨處處須仁慈長為

或司牧或郡守人人稱忠厚先生

一 陞任知洲士民有慶允飛

二 三王五帝不為手足九老之賢是我兄弟

三 分六 羽毛未豐樣雖异地返仙宮

四 肓 須防不仁之事

五 五十六五月 人物倩精神樂事喜慰

六 職授知縣士民欽仰

七 元妻變為大妻有慎惟接宗枝

八

九

五百六十 際會不可期雖遇見平夷

五百七十

一 此刻木水年生任府佐方合

二 出類拔萃君可望鹿鳴宴會定難期

三 金命之子數當先失

四 猴年入泮方合此刻

五 十月 多貽君子誚勿聽小人言

六 學優則仕矣職有權

七 雁陣成群全父异母

八 耐守冰霜自然開見日

九 三十六 正月 小人之言切勿聽從

喜托螟蛉承後裔又添丹桂續宗嗣

五百八

一 肓 家門迪吉所為皆遂

二 壹刻金水登科木火會試方合

三 肓 人物迪吉事事如意

四 何須怨人又怨天自悞進取飛吉祿

五 只意名標青史上那堪遊青在公門

六 木年之子難以送終

七 肓 光景無邊一坐收春

八 行藏有慶深沉難測

九 萱花何日損逢水是其時

十 罡 小事成大巧處偏乖

一 財源不奏源頭水金帛常盈映日紅

二 雖然小試彈丸地還期大用壯經綸

三 肓 財星得利

四 君逢馬歲須當記鴻雁分飛在此年

五 先刻鼠年中舉方合

六

七

八

九

五百九十 此刻母死於犬方合

一萬五千六百

一 椿凋在何歲逢水是其時

二 豈但寒窗勤苦讀須知案牘更研求

三

四

五

六

七 賦性硬硬不諾難言慷慨無藏

八 此刻木火之子金水耳遇絕方合

九 性情詐僞華而不寔

六百一十

一 有運 雞聲扶起天將曉運垂閭門曙色清

二 雖然未遂扳龍志却是品內要職人

三 五十九正月

四 身雖嫡室正副欠和

五 此刻母死於羊年方合

六 官至提督威震三軍

七 食氣之年宜遂求職

八 抱卓犖之才逢恩科而奎壁蕤秀欣明道之運遇鼠年而鶴院風高

九 丹桂同枝一同別枝

十

六百二十

一　三嫁之夫數定羊命

二　由二府而陞至道台帝心簡在

三　十有　財喜交輝

四　六十巳月　安然吉昌

五　天生雁陣本成行先後凋零我心傷

六　業出蟾宮堪折桂無緣宴奪秋魁

七　嚴君何日遊太歲主刑傷

八　氣宇深沉難以推測

九　嘆仕途之何常同氣有悞

一 寅運 猛虎遇馮婦負隅亦不安
左右春坊職贊善

二

三

四

五

六 身居詞林名稱孔目

七 讀書應有青雲路二八年間許進程

八

九

六百三十 十月 財喜并進

一
不惜才不殺能言不亂業事不亂為

二

三
瑣屑迭奏一音不同

四

五

六

七

八

九
此刻木水年出仕州佐方合

六百四十
六十一正月
歲月光昌平穩之象

六百五十

一 父隨祖而出繼子辭父而歸宗

二 此刻父死於兔年方合

三 一枝發數枝一枝另生枝

四 逢火遇土降戚無咎

五 學堂照命宜肆業恐奈境遇不相投

六 此刻金木遷游奈方無差錯

七 食餼之年宜逢水歲

八 副室之子得以送終

九 申逢 曉烟濃透碧紗窗繡罷停針向彼蒼

一 早年辛苦君莫問先苦後甘勤儉來

二

三 二月 宜謹守勿妄為

四 魚鹽經營數不佳深山好樹不開花

五 母赴瑤池定逢火年

六 再嫁爾命之夫又是先傷

七 蜀竟得展經綸手琴堂彈看播循聲

八 由武庫而捐把總莫逃手數

九 空正月 小人計算未免有之

六百六十 世襲都尉數已前知

六百七十

一 二月 促織臨栗聲唧唧山雞舞鏡翅偏偏

二

三

四

五

六 由經承而充副吏莫逃手數

七 四月 門前東却噪鵲桂子採芹歸

八 食餼之年空在土歲

九 宦至一品軍民不貳

欲向同怀尋友愛命中雖有恨悠悠

一　八月　須防不仁之人

二　明中貴人扶陰暗不可解

三　十月　財似春水漲

四　母赴瑤池定逢土水之災

五

六

七　廿八　宜慎守勿妄施

八

九

六百八十　年三月　有為者亦若是

六百九十

一	二	三	四	五	六	七	八	九	十
人品非高下生平不蔓不支			此刻母死於雞年方合			躡步青雲未有梯承發房中上人提	作事虎頭蛇尾似不求人若不擇人		

一萬五千七百

一 二 三 四 五 六 七 八 九

此刻金木之年損戕水土之年墜遷方合

官至六品先天註定

六年

亦足以暢遂幽情

天生雁陣未成行數中縱有我心傷

七百一十

一 年運 塞翁失馬禍福任自去來

二 庫房効職青雲有階

三 母赴瑤池不外火歲

四

五

六

七 妻八 妻妾云亡

八

九

十

一 四喪良人頻傷寂寞

二 欲入市廛成富客經營財利有奇謀

三 十月 問事莫知口舌仔細

四 下指準同三部脈上池佈作萬家春

五

六 三月 利見大人所求必得

七 絳帳金閨彥明經聽玉音

八 十月 生意營謀無求不通

九 嘆仕途之順逆何常詩書酒自娛依然風流學士 幸同氣之維持有自進退非偶何與搢紳先生

七百二十 七十六 霜臨秋後屢恐礙老年松

七百三十

一 二 三 四 五 六 七 八 九

十年不調幾迍迴耐守氷霜遇合奇

眷今原同氣一枝不共棲

槐陰樹下难庇蔭蜂蟻聚盍且藏身

七刻豬耳入泮方合

七百四十

一 二 三 四 五 六 七 八 九

青

掌倉庫之出入不失升斗衡詆庶之情罪宜增丝毫

誓死守城上游器重

数有不幸兄弟死於匪命

梨花送雨柳絮風迎

昆仲性情別矣塞邦如冰炭不相同

雖有棟樑之才不遇良工之選

學宗鄒魯跡寄蕭曹

花萼備庭秀一朵被霜殘

一樹叢一枝一枝定不移

一 七十三 西风吹老梧桐树金井先飘一叶飞

二 此刻由军营投効方合

三 三月 无咎

四 二月 云瑞风病侵人

五 罡也 螟蛉有子

六 此刻数有十五子方合

七

八

九

七百五十

一 潛行地下河源出終歲豐盈大有年

二

三

四

五

六

七

八 肓 枕桂生笑

九

七百六十 七十二 蟬噪夕陽悲金烏之墜鵑啼月下痛玉兔之沉

七百七

一	二	三	四	五	六	七	八	九	十
	肓								
其人仁厚有餘剛斷不斷乏	喜裡生嗔								

七百八十

一 十月 動止禎祥年安叶吉

二 十月 樂事稱心

三 子運 幼年行子運年穩度春秋

四 官任都司秩居四品

五 辰運 新竹成竿直上上

六 熊尓遞領知班亮善辦駕肩識馬周

七

八

九 十月 内戚生非遠之則宜

七百九十

一 身游泮水不負黃卷青灯 手擷香芹難 手鹿鳴鶚薦

二

三

四

五 丑運 幼年行丑運无災无咎

六 侯门深似海淡笑謁王廷

七 寅運 童年行寅運其樂融〻

八 不是塡房之子定屬再娶之兒

九 午運 午運年〻不患災生

妻有暗疾數已預知

一萬五千八百

一　初運　旭日始旦不患安生

二　天恩下逮學陞協鎮

三　十八九　紅鸞相照數該見喜

四　遇兔逢虎崇任經歷

五　人不間父母昆弟之言返躬可以自問

六　雲梯何日步猜賊在鹿鳴

七　未運　童運行來无憂无慮

八

九　鴛鴦雖同老琴瑟恐難調

幸入泮林覩好景難到秫林蘭占巨鰲

一

二

三

四

五 此刻毋免于犒年方合此卦

六 申運 花雨過和風愈增嫵媚

七 行國多艱言又多難

八 戌運 少年行成欣欣過日

九 過而不過仕途多滯

八百一十 年紀雖小安樂日多

八百二十

一　耐守冰霜自見雲開見日

二　步一步趨一趨狐假虎威

三　酉運　童運行酉災晦有

四

五　十月　月明無伴莫孤行

六

七

八

九

十

八百三十

一 十二月 勿聽婦人言心中免煩噪

二

三 七月 後天數止

四 未破三層浪且封尺素書

五 綉閣重結同心帶錦帳又偕並蒂蓮

六

七

八

九

八百四十

一 二 三 四 五 六 七 八 九

十月

十四

塤篪迭奏一音另吹
莫折朕香言不可逝
嚴君仙逝當逢大歲
安然無恙吉宿相扶
窺二酉之秘 探四庫之奇

八百五十

一 二 三 四 五 六 七 八 九 十

十百

謹寒暑保身体

好花不如人運好花有摧殘運不饒

此卦兔年登科方是吉卦

八百六十

一

二

三 十月 財喜駢臻

四 末火白兎臨須防回祿災

五 初任教諭黌門生色

六 八月 啾唧相侵

七

八 初任訓導士林景仰

九

八百七十

一 二 三 四 五 六 七 八 九

四：康水之子早死方是其郎

八：為主者之壻作上國之賓

一 二 三 四 五 六 七 八 九 八百八十

十月

財喜並進

房宋云子早死方合此卦

八百九十

一 二 三 四 五 六 七 八 九 十

雖非石崇富累家却似陶朱善理財

此卦父死於龍年方合此卦

一二三四五六七八九

一萬五千九百

五月

左右咸宜

採芹君有分折桂却難期

一 二 三 四 五 六 七 八 九 九百七十

属金之子早夭方合此卦

九百五十

一　二　三　四　五　六　七　八　九

七午

殘星幾點雁橫塞長笛一聲人倚樓

一 二 三 四 五 六 七 八 九 九百三十

艮運
上元

星辰冷落碧潭水鴻雁悲鳴紅蓼秋
老來失怙痛也無何如

一 二 三 四 五 六 七 八 九 九百四十

雖有鴻（豐）門之喜惜丟金榜之榮

不耕不讀偏多富貴之交

一 二 三 四 五 六 七 八 九 九百五十

庚道

冰晶簾動微風起滿架薔薇一院香

一 二 三 四 五 六 七 八 九

九百六十

九百六十

一 二 三 四 五 六 七 八 九

雖非副榜副榜崇身

一
二
三
四
五
六
七
八
九
九百八十

一 二 三 四 五 六 七 八 九 九百年

桂叢二枝一枝數榮

此刻火土年生任佐貳方合量二度

此刻父先於此年方合坤宮起

壹第六千

一 二 三 四 五 六 七 八 九

吉星相照援貢名揚

補廩性氏標懸深雨露叨